Deus é Meu Sucesso

Deus é Meu Sucesso

Como transformar obstáculos em vantagens

LARRY S. JULIAN

Tradução
Caio Nehring

LAROUSSE

Título original em inglês: *God is My Success: transforming adversity into your destiny*

Edição brasileira
Gerente editorial **Solange Monaco**
Editor **Isney Savoy**
Assistência editorial **Leila Toriyama**
Preparação de texto **Valentina Nunes**
Revisão **Nilda Nunes, Cláudia Levy e Denise Alexandrini**
Diagramação e projeto gráfico **Luciana Di Iorio**
Capa **SGuerra Design**
Produção gráfica **Marcelo Almeida**

Todas as citações bíblicas foram extraídas
da *Nova Versão Internacional (NVI)*,
sob autorização da Sociedade Bíblica Internacional.

Dados Internacionais de Catalogação na Publicação (CIP)
(Câmara Brasileira do Livro, SP, Brasil)

Julian, Larry S.
Deus é meu sucesso / Larry S. Julian ; tradução Caio Nehring. -- São Paulo : Larousse do Brasil, 2008.

Título original: *God is My Success*
ISBN 978-85-7635-276-1

1. Sucesso - Aspectos religiosos - Cristianismo I. Título.

08-01341 CDD-248.4

Índice para catálogo sistemático:

1. Sucesso : Vida cristã : Cristianismo 248.4

1ª edição brasileira: 2008
Direitos de edição em língua portuguesa, para o Brasil, adquiridos por
Larousse do Brasil Participações Ltda.
Av. Profa. Ida Kolb, 551 – 3º andar – São Paulo – SP – CEP 02518-000
Telefone: (11) 3855-2290 – Fax: (11) 3855-2280
E-mail: info@larousse.com.br
www.larousse.com.br

Este livro é dedicado a você, herói esquecido,
que corajosamente persevera em honrar ao Senhor,
a despeito da pressão diária para ceder às exigências do mundo.

SUMÁRIO

INTRODUÇÃO

PARCERIA PERFEITA

Por que um rapaz judeu nova-iorquino, que passou boa parte de sua vida adulta escalando a hierarquia corporativa, de repente torna-se um seguidor de Jesus Cristo?

Para responder a esta pergunta, é preciso voltar a julho de 1991, quando cada aspecto da minha vida desmoronava diante de meus olhos.

Fisicamente, sentia uma dor crônica nas costas que quase me deixara incapacitado. Profissionalmente, embora fizesse de tudo para esconder a dor, não conseguia cumprir com todas as minhas responsabilidades no cargo de diretor de marketing. Temia perder o emprego, pois meu valor e desempenho dependiam de eu continuar sendo um modelo de sucesso.

Em minha vida particular, meu casamento desmoronava. E então tudo ficou ainda pior: fui despedido. De repente eu estava fora do mercado de trabalho, incapacitado e atormentado por dores físicas e emocionais.

Todos os meus problemas internos — medo, dor, escravidão financeira, distrações e falta de confiança — desabaram sobre mim. Eu estava só. Sentia-me inútil e insignificante. Mas em minha insignificância, me tornei disponível. E Jesus entendeu.

> *"Que, embora sendo Deus, não considerou que o ser igual a Deus era algo a que devia apegar-se; mas esvaziou-se a si mesmo, vindo a ser servo, tornando-se semelhantes aos homens."*

Quando todo mundo me rejeitou, ali estava Ele. Em meu caso, era como se eu estivesse à beira de um abismo. Jesus pediu-me para confiar Nele. Ao aceitar, descobri que a vida não estava acabada como pensei, mas apenas começando.

CINCO OBSTÁCULOS

Se você está lendo este livro, provavelmente busca viver da melhor maneira possível, apesar das circunstâncias. Busca propósitos e significados para sua vida, procura fazer a coisa certa, quer ter sucesso profissional e segurança para sua família.

Vivemos em um mundo marcado por realidades dolorosas que podem minar nossos sonhos. Não somos perfeitos. Lutamos contra medos, inseguranças e falta de confiança. Enfrentamos a dor da tragédia, grande ou pequena. Nós nos sentimos pressionados e frustrados por não termos tempo e energia suficientes para realizar tudo o que precisamos.

Vamos admitir: as experiências da vida podem nos desiludir e abater.

Desde o lançamento de meu primeiro livro, *Deus é meu CEO*, tenho recebido centenas de e-mails. Ouvindo os participantes de meu seminário intitulado "Deus é meu CEO", fui encorajado por várias pessoas exatamente como você que querem honrar a Deus. Todas elas, porém, estavam diante dos mesmos cinco obstáculos que as impediam de ser o sucesso que Deus havia planejado para elas. Elas enfrentavam:

1. Dor e adversidade.
2. Escravidão financeira.
3. Falta de confiança.
4. Distração.
5. Medo e preocupações.

Deus criou você para viver *este momento*. Mas Ele não prometeu remover os obstáculos e, sim estar com você, ser seu parceiro e ensinar-lhe a superar as adversidades. Ele quer que você vença.

PERSPECTIVA MUNDIAL

Por que existem obstáculos em todas as sociedades? Enfrentamos nossos problemas da melhor forma possível, mas costumamos estar mais preocupados com os outros do que com nossa verdade espiritual. Para complicar tudo, somos diariamente iludidos, desencaminhados ou isolados da verdade — e de uma maneira sutil, ainda que poderosa.

Recordo-me bem da cena de um documentário sobre leões. O narrador descrevia como esses felinos matam suas presas: eles procuram um animal que está enfraquecido e distraído. Então, esperam pacientemente até o animal desgarrar-se do rebanho. Atuando como um estratégico time, os leões separam esse animal do grupo e devoram-no.

Depois de ter trabalhado anos como *coach*, atuando junto a executivos e líderes comerciais, não posso deixar de fazer uma analogia disso tudo com o mundo dos negócios. Hoje em dia os executivos comerciais são estressados, cansados e vulneráveis.

> *"Estejam alertas e vigiem. O Diabo, o inimigo de vocês, anda ao redor como leão, rugindo e procurando a quem possa devorar."*
> (1 Pedro 5.8)

Em primeiro lugar, fomos iludidos ou levados a acreditar que éramos autoconfiantes. Fomos doutrinados a crer que temos o poder para superar todos os desafios, tanto no trabalho quanto na vida pessoal. Em segundo, somos obrigados a enfrentar um cotidiano monótono de realizações e produtividade. Incitados a nunca nos satisfazermos com nosso *status quo*, esforçamo-nos como nunca, mais e mais, condicionados por tudo o que ainda temos de fazer em pouco tempo.

Finalmente, estamos sozinhos. "É solitário lá em cima, no topo", costuma-se constatar. Mas depois de conversar com pessoas de todos os níveis, acabei descobrindo que é solitário no topo, mas também no meio e embaixo. Quer sejamos operários de chão de fábrica ou CEO nós lidamos sozinhos com nossos medos, dúvidas e inseguranças.

Como um predador à espreita, o Diabo tenta nos afastar do sucesso que Deus planejou para nós!

Quando algo é sutil, ilude nossa percepção. O Diabo se apropria daquilo que Deus nos deu para nosso bem (medo, dor, dinheiro, sucesso) e usa tudo contra nós. Como? Permitindo que nossas escolhas nos destruam.

Quando analisamos as razões e os problemas que nos impedem de ter o sucesso que Deus pretende para nós, vemos o Diabo tentando nos enganar, sutilmente. Ele sabe que queremos honrar Deus com o trabalho, então, explora nossas fraquezas, oferecendo soluções fáceis e ajustes rápidos.

O Diabo quer que você faça coisas boas em vez de grandes coisas. Ele prefere que você viva uma relação parcial, em que usa Deus apenas para servir a seus propósitos, em vez de uma parceria de tempo integral, onde você viva para servir ao *propósito maior de Deus.*

DESCOBRIR A PARCERIA PERFEITA

Deus não nos criou para sermos vítimas, mas sim vitoriosos. Você nunca conseguirá superar qualquer um daqueles cinco obstáculos sozinho. Nenhuma quantia de dinheiro será suficiente para provê-lo de liberdade financeira. Você nunca será imune à dor ou às adversidades.

> *"Neste mundo vocês terão aflições; contudo, tenham ânimo! Eu venci o mundo."*
> (João 16.33)

Não. Não temos o poder de superar nossos obstáculos impossíveis. *Mas Deus tem.* Em Lucas 18.27, Jesus nos diz: "O que é impossível para os homens é possível para Deus."

Sim, *teremos* dificuldades, mas através do poder e da sabedoria de Deus, é possível superá-las. De fato, Ele criou a perfeita parceria consigo mesmo, para que pudéssemos ser bem-sucedidos em um mundo desafiador.

Deus ama tanto cada um de nós que nos deu Seu único filho, Jesus Cristo, para que, através do Espírito Santo, Ele pudesse viver em nós, curando, guiando e capacitando-nos a superar cada desafio.

Deus nos deu o presente fundamental — Ele mesmo — para nos guiar quando estivermos perdidos; aconselhar-nos quando tivermos de tomar uma decisão difícil, ensinando-nos a obter êxito; confortar-nos quando estivermos com dor; enfim, dar-nos o poder para superar obstáculos aparentemente intransponíveis. Esse é um presente que está disponível 24 horas por dia, sete dias por semana.

Alguns anos atrás, fui convidado a treinar a diretora de uma grande equipe, visando desenvolver suas habilidades de liderança. Embora suas competências fossem inquestionáveis, algumas práticas estavam causando divergências e dificuldades em sua equipe. Tragicamente, uma semana antes de darmos início ao processo de *coaching*, seu marido faleceu de um ataque do coração.

Dias depois, estávamos no escritório dela, e era esperado que eu a orientasse profissionalmente, independentemente de sua vida pessoal e espiritual estar um verdadeiro caos.

Você vê a ironia? A maioria de nós faz a mesma coisa. Mesmo que você não esteja enfrentando uma tragédia pessoal, provavelmente estará tentando isolar sua vida profissional de seus obstáculos internos. Afinal, aprendemos a dividir e compartimentar nossos problemas em categorias.

Mas acredito que a integração entre *fé* e *trabalho* seja mais apropriada se a entendermos como integração entre *fé* e *vida.* Não podemos ser genuinamente bem-sucedidos se Deus não estiver integrado a quem nós somos. Nesta minha difícil tarefa de prestar serviços de *coaching*, preciso conceber a pessoa por inteiro, não apenas o seu EU profissional. Nossa parceria com Ele deve englobar toda nossa vida.

Ao abraçar sua parceria com Deus, o sucesso certamente virá até você.

DAS SUTILEZAS ÀS DESCOBERTAS

Se o Diabo quer tirá-lo do caminho da verdade, o que deseja Deus? Quer que você O encontre. Por isso este não é um livro sobre a autodescoberta, mas um manual para a descoberta de Deus.

Toda descoberta implica encontrar algo desconhecido ou jamais visto. Assim, você ganha a sabedoria de Deus, encontrando determinação e propósito. Na superação de seus obstáculos, você descobrirá Deus e o sucesso que Ele reservou para você, interiormente.

> *"Embora o Senhor lhes dê pão da adversidade e água da aflição, o seu mestre não se esconderá mais, com seus próprios olhos você o verá."*
> (Isaías 30:20)

O que significa superar? Significa tomar o controle, dominar. Quando vence a adversidade, você a domina. Eu não acredito que a superação seja algo que aconteça só uma vez na vida. É um processo diário de escolhas. Por exemplo: as preocupações fazem parte da vida, superá-las significa dizer que, por hoje, você não permitirá que elas o dominem; vai mantê-las sob a perspectiva que Deus planejou. Descobrirá que superar algo é mais fácil em alguns momentos do que em outros, mas, em geral, quando isso acontece, os artifícios sutis do Diabo não mais governam sua mente. Pela superação, você terá coragem e sabedoria de tomar a decisão mais difícil em vez de ser enganado com a decisão mais fácil.

PRINCÍPIOS DESTE LIVRO

Dois princípios, ambos de Mateus (22.37-39), fundamentam este livro. Primeiro, acredito que a chave do sucesso esteja na parceria com Deus. Tudo — seu propósito, sua paixão, seu chamado e suas ações — fluem dessa relação.

A profundidade da "revelação", resultado direto de seu relacionamento com Deus, lhe dará a sabedoria para vencer até mesmo os dilemas mais complexos e os obstáculos mais difíceis. Por isso, a primeira meta desta obra é facilitar sua parceria com Deus.

O segundo princípio se relaciona com os demais. Jesus sabia que você sozinho seria incapaz de lidar com os desafios da vida. Ele também sabia que sua independência, seu egocentrismo e seu orgulho iriam dificultar que recebesse auxílio ou ajudasse os outros. Não é coincidência que em Sua última oração antes de ser traído e preso, Jesus pedia para que todos fossem um, "como tu estás em mim, e eu em ti" (Ver João 17.21).

> *Respondeu Jesus: 'Ame o Senhor, o seu Deus, de todo o seu coração, de toda a sua alma e de todo o seu entendimento'. Este é o primeiro e maior mandamento. E o segundo é semelhante a ele: 'Ame o seu próximo como a si mesmo'.* (Mateus, 22.37-39)

Não apenas Deus nos deu-se a Si mesmo, como nos deu outras pessoas para nos encorajar e apoiar. Uma de minhas principais crenças é a de que *Deus nos abençoa através das pessoas.* Ele coloca e colocará gente em nossa vida, para nos apoiar assim como nos prepara para apoiar a outros.

O segundo princípio deste livro procura orientar você a se unir de forma significativa com os demais. Criando um grupo de discussão entre colegas de sua confiança, você terá o apoio necessário para superar os desafios à frente e servir a outras pessoas, através de suas experiências e da sabedoria de Deus.

Deus é meu sucesso — Como transformar obstáculos em vantagens é uma obra baseada em meu trabalho como *coach* de executivos. Nestas páginas, passaremos por um processo de consultoria juntos. Projetei o livro para ser uma companhia e um guia para ajudá-lo a crescer mais perto de Deus, enquanto cruza os desafios da vida.

Lançando mão de minhas experiências como *coach* especializado em liderança, projetei este livro como se eu fosse um consultor pessoal para o desenvolvimento de liderança. Cada capítulo é um módulo único de treinamento. Juntos, os capítulos compreendem meu programa de *coaching* espiritual.

Eu criei o processo, mas você faz o trabalho. Você não encontrará aqui algo como "Um guia" ou "Dez passos para o sucesso". Em vez disso, encontrará um instrumento para aproximá-lo mais de Deus e dos outros.

Este livro não é a resposta para seus desafios. A sua relação com o Senhor é que conterá as respostas. Por meio de perguntas, orações e reflexões, você escutará a orientação de Deus. Com coragem para ir em frente, ganhará habilidade necessária para superar os obstáculos e transformar os desafios da vida no destino que Deus guardou para você.

Crescer mais perto de Deus é uma jornada de toda uma vida. *Deus é meu sucesso — Como transformar obstáculos em vantagens* vai lhe dar assistência para essa jornada. Cada capítulo é idealizado como uma espécie de treinamento individualizado, com módulos. Você conquistará compreensão, percepção e direção.

Trabalhando com esses módulos, em parceria com o Senhor, cada capítulo permite:

1. Identificar um obstáculo ou problema que lhe impede de ser o sucesso que Ele planejou para você.
2. Ter a oportunidade de repartir testemunhos, sempre através da sabedoria de Deus.
3. Ajudar você a descobrir soluções de Deus para seus desafios específicos, através de princípios bíblicos.
4. Conhecer "Aplicações Práticas" para utilizar no trabalho e na vida, permitindo que você se conecte com Deus e ponha em prática o que aprendeu.
5. Conhecer questões e exercícios que desafiam você a aplicá-los em grupos de discussões, para ter a oportunidade de se conectar com outras pessoas de maneira significativa.

Como o livro foi projetado

Como desfrutar ao máximo este livro?

Antes de responder prefiro me dirigir a quem está mais preocupado com o conteúdo do livro e a falta de tempo para o treinamento aqui proposto. Talvez você tenha apenas três horas, enquanto se desloca de uma cidade a outra. Mas considerando que você aprende rápido, necessário é participar ativamente do processo.

Por isso, pense em como as "Aplicações Práticas" de cada capítulo foram projetadas para desafiar seu raciocínio, de maneira a ajudar você a superar os obstáculos e transformá-los em vantagens.

Você tem idéia do impacto que causaria em você, e nas pessoas a sua volta, se vencesse todos os obstáculos da sua vida? Essa é uma meta bem significativa. Eu adoraria ajudá-lo a fazer dessa meta realidade, a transformar sua vida com apenas uma leitura rápida deste livro — mas não acredito nisso. Esta obra é um catalisador para sua transformação pessoal. Ler as palavras impressas aqui não é suficiente.

Sua transformação irá se refletir em suas relações com Deus e com os outros. Relacionamentos exigem tempo, compromisso, disciplina e até sacrifício. Acredito que o tempo que você dedicar à leitura deste livro será bem proveitoso, mas não o suficiente.

Durante seus ensinamentos, Jesus fazia perguntas. Saiba que perguntas nos forçam a pensar e meditar, um processo que nos permite internalizar profundas verdades.

Estou pedindo a você tempo para completar as "Aplicações Práticas" e responder às questões do "Guia de Discussão". Depois, quero que se una com os outros para as discussões propostas.

Embora eu não vá fornecer uma fórmula para você utilizar, é preciso ter em mente a seguinte orientação: *Ame o Senhor com todo o seu coração, alma e mente e ame seu próximo como a si mesmo.*

Passar algum tempo com Deus faz você se aproximar mais Dele. Você ganha sabedoria, compreensão, direção e orientação. Quando você se une com os outros via grupos de discussão, manifesta a verdade que compreendeu enquanto estava só. "O que você guarda só para si, você perde. O que você compartilha, você guarda". Ao compartilhar a verdade que compreendeu, você ajuda outros a aprender com suas próprias experiências.

Cultivar a relação com Deus

Quando você cultiva uma relação, com a esposa, crianças ou clientes, ela cresce e floresce. Negligencie-a, e ela murchará. Sua relação com Deus não é diferente. Exige tempo, compromisso, amor e paciência. Mais do que um evento único, ganhar a sabedoria e orientação de Deus é resultado de um processo diário que ocorre durante toda uma vida.

É fundamental reservar um tempo para Deus. Mas não existem meios certos ou errados de fazer isso, assim como tampouco existe uma fórmula única para o sucesso. Em todo caso, pode-se chegar lá por meio de:

> *"Aproxime-se de Deus, e Ele se aproximaá de vocês."* (Tiago 4.8)

- Um diário. Escrevo cartas a Deus, quase como se estivesse escrevendo uma oração. Cuido para escrever pelo menos uma página, o que me auxilia a organizar meus pensamentos. Escrever me ajuda a expressar meus pensamentos mais sinceros e profundos, que variam de pedidos de ajuda a louvores e agradecimento por graças obtidas.
- Uma caminhada diária com Deus. Faço uma caminhada com Deus antes de começar meu dia de trabalho. Eu prefiro caminhar em meio à natureza para me focar melhor. Isso me ajuda a lidar com os desafios que enfrentarei.
- Isolamento silencioso. Em um retiro silencioso, você dedica seu tempo a ficar a sós com Deus. Seu retiro pode ser tão simples como uma tarde tranqüila em casa ou uma semana sozinho. Cada tipo de retiro tem uma vantagem. Mas ele só terá sucesso se você se livrar de todas as responsabilidades diárias. Nessa hora de dedicação, você pode escolher orar meditando sobre um capítulo do livro ou sobre o livro todo.

Como usar o "Guia de Discussão"

Aqui vão algumas sugestões para começar um grupo de discussão.

> *"Não deixemos de reunir-nos como igreja... mas procuremos encorajar-nos uns aos outros."* (Hebreus 10.25)

- Comece reunindo pessoas em quem você confia. Se você já conhece alguém interessado, convide-o pessoalmente. Pode ser que você faça parte de um grupo de estudos da Bíblia, de alguma comunidade da internet ou mesmo de um grupo de encontros com interesses específicos. Comece por aí.

- Se você não sabe por onde começar, contate a sua igreja ou uma organização de Trabalho e Fé para obter, por exemplo, uma lista de pessoas potencialmente interessadas.
- Considere o tamanho do grupo. Um pequeno grupo pode permitir o debate olhos nos olhos. Um grupo maior, de doze pessoas, precisaria de um mediador.
- Determine a duração dos encontros. A maioria das pessoas pode se comprometer com reuniões de até uma hora e meia. Uma discussão matinal, das 7h às 8h30, permite iniciar o dia focado no tema discutido sem alterar os horários dos outros compromissos.
- Decida com os membros do grupo a freqüência das reuniões, conforme as respectivas agendas.
- Enfoque um tópico por encontro. Crescimento espiritual pessoal é a meta. Discuta, por exemplo, um capítulo por sessão. Ou, se houver muita gente no grupo, coloque em discussão apenas uma questão.
- Determine um formato de liderança. Talvez você queira apontar um líder para o grupo, a fim de facilitar a discussão. Ou, então, pode alternar os facilitadores de cada encontro. Encoraje os membros de seu grupo a fornecerem respostas sinceras para as questões, de maneira a fazer o debate fluir.
- Busque a simplicidade. Uma boa agenda de discussões tem introdução curta e breve, que identifica o objetivo, segue para a discussão em si e faz um breve encerramento.
- Crie um ambiente seguro e de confiança. O ambiente ideal é onde colegas se sentem abertos e confiantes para compartilhar. Por isso, é imperativo que todos os participantes concordem em criar uma atmosfera segura, que permita um debate profundo.

Com todas essas dicas, vamos juntos começar a nossa aventura. Começaremos com confiança, sabendo que seguir as prescrições de Deus resultará em nosso genuíno sucesso e contentamento. Vamos iniciar pensando no nosso próprio papel nesta parceria com o Senhor. Por favor, junte-se a mim nesta jornada.

CARTA AO LEITOR

Caro Amigo,

Que dificuldades você enfrenta hoje? Você está tão distraído e ocupado que não escuta a voz de Deus? Preocupa-se com um futuro incerto? Falta confiança para seguir o chamado de Deus? A dor, o medo ou as preocupações estão roubando sua paz? O sucesso que você desesperadamente procura parece ilusão?

Eu me sentia muito só quando precisei enfrentar minhas provações. Dia após dia, travava batalhas contra o medo e a insegurança, ao mesmo tempo em que tentava seguir em frente naquilo que acreditava ser o plano de Deus para minha vida e carreira.

Quando olho para trás, fico surpreso ao ver a presença de Deus nas experiências, relacionamentos e situações que vivi. Aprendi que na medida em que Ele colocasse pessoas como instrumentos de Sua graça na minha vida, minha parceria pessoal com o Senhor determinaria meu sucesso e destino.

O objetivo deste livro é ajudar você a ser parceiro de Deus e superar os obstáculos que impedem de ser o Sucesso que Deus planejou.

Através destas páginas, serei seu *coach* e facilitador.

Cada capítulo do livro é um módulo separado de treinamento que inclui "Aplicações Práticas" para você se conectar com Deus, além de um "Guia de Discussões", para conectá-lo com outras pessoas.

Como um todo, *Deus é meu sucesso — Como transformar obstáculos em vantagens* será seu programa de treinamento pessoal para superar desafios exclusivamente seus, mas que são, mesmo assim, comuns a todos. Nas páginas seguintes, você irá:

- Criar uma parceria com Deus, para descobrir os desígnios únicos Dele para sua vida e qual o papel que você desempenha nessa parceria.
- Experimentar um programa de treinamento espiritual para transformar a adversidade em sorte. Na dor, você descobrirá seu destino. Na escravidão financeira, descobrirá a liberdade financeira. Na falta de confiança, a coragem. Nas distrações, descobrirá o sussurro de Deus. Nos medos e tormentos, conhecerá a paz.
- Redefinir o sucesso, de maneira a viver todo o contentamento, satisfação e os reais significados das dádivas de Deus.

Meus votos são para que Deus Se faça conhecer de uma maneira leve, nova e cheia de significados. E que durante este tempo juntos, os desafios da vida façam você experimentar o sucesso divino.

Meus mais calorosos cumprimentos,
LARRY JULIAN

Capítulo 1

Sua parceria com Deus: vitória tripla

Passei os primeiros 13 anos da minha carreira trabalhando com vendas e marketing. A meta era clara: seu eu produzisse, seria recompensado. Caso contrário, já era!

As pessoas me amavam quando eu alcançava bons resultados. Eu recebia os louros, recompensas financeiras e promoções. No entanto, tratava-se de um "amor" condicional. As mesmas pessoas que me amavam quando eu era produtivo, me rejeitavam quando não era mais. Assim que as vendas caíram e as projeções de rendimento não atenderam às expectativas da diretoria, fui demitido.

Foi quando me aproximei de Deus. Como um esperto garoto judeu das ruas de Nova York, aprendi a ser muito bom em facilitar parcerias de ganho mútuo (vitória dupla). Eu fornecia benefícios para meus parceiros de negócios, da mesma maneira que eles o faziam por mim.

Deus era então meu consultor de meio-período, que era como eu O chamava. Na verdade, eu chamava-O apenas quando precisava, pois quando tudo melhorava e eu estava fora de perigo, eu O dispensava porque não precisava mais Dele.

Então, em 1991, eu desenvolvi uma relação pessoal com Jesus Cristo. Embora Ele tenha me salvo para a eternidade, duas coisas contribuíram para a minha experiência de amor, paz e alegria prometida. Primeiro, eu não podia entender o conceito de amor incondicional. Ser aceito simplesmente por ser quem eu era, sem conquistar esse direito, era um conceito estranho para mim.

Eu tinha passado toda a vida "fazendo algo para obter algo em troca." E assim, tentava satisfazer a Deus da única maneira que eu sabia: produzindo.

Usava meus rendimentos financeiros como um mérito, para mostrar a Deus que eu merecia estar em seu time.

Lá no fundo, porém, eu sentia um medo secreto de não conseguir atingir os padrões de desempenho de Deus. Como acontecera antes, eu temia que se eu não produzisse, receberia um cartão vermelho de Deus. Eu trabalhava duro *por* Deus — mas eu não entendia o que significava trabalhar com Ele.

Segundo, eu era incapaz de abrir mão totalmente da minha vida por Ele. Entregar-se era algo negativo, significava ser derrotado, ser um fraco e um perdedor. Mais importante, significava desistir de controlar minha vida e eu simplesmente não podia me arriscar a isso. Ter confiança total em Deus sem rede de segurança? Sem chance! Resolvi ter uma relação de meio-período.

PROBLEMA: QUANDO A PARCERIA NÃO É PLENA

Eu não entendi na época por que Deus pede para entregarmos o controle de nossa vida a Ele para recebermos dele uma vida melhor. Depois entendi que o próprio Deus é o presente ofertado. Sendo assim, em retribuição, devemos nos encarregar da vida que Ele deu a cada um de nós — e verdadeiramente *vivê-la.*

> *Quem perde a sua vida por minha causa a encontrará.*
> (Mateus 10.39)

Compreender essa parceria e o papel que desempenhamos nela é crucial para que tenhamos a experiência do sucesso real. Mas, ao entender qual é esse papel, às vezes temos de trilhar um difícil caminho.

Intervalo: Keith Fahnhorst

Eram 6h da manhã, quinze horas após Keith ter entrado no hospital. Nervoso, ele estava sentado em seu quarto de hospital com a esposa e suas três filhas, esperando escutar que o rim que ele esperava há tanto tempo finalmente fora encontrado. Quando o médico entrou e disse, "sinto muito, mas o rim não é compatível", a esposa de Keith emudeceu. Suas filhas desataram a chorar. "Eu fiquei arrasado", Keith recorda. "Comecei a achar que jamais encontraria um novo rim. Morria de medo da diálise."

Keith Fahnhorst realizou em vida o que maioria dos homens sonha fazer: participar e vencer o campeonato de futebol americano Super Bowl, mas não uma, e sim duas vezes — em 1982 e 1985. Com 1,97 m e quase 130 kg, Keith usava sua força e habilidade para derrubar obstáculos, principalmente os jogadores que estivessem a sua frente. Ele era o exemplo de controle, poder e sucesso.

Keith acreditava em Deus, mas suas orações sempre refletiam mais confiança em si do que em Deus. "Achava que era assim que as coisas deveriam ser. Eu podia orar pelos outros, mas jamais pediria a Deus para me ajudar". Em um quarto de hospital, cercado por dúvida e medo, Keith chegou a um ponto onde não poderia mais atacar nem competir. Não podia confiar mais apenas em suas habilidades.

Doença degenerativa do rim. Keith estava diante de duas questões que o tinham perturbado a vida inteira: a necessidade de ter o controle da situação e a dificuldade em pedir ajuda. "Sempre pensei que estava no controle, mas dessa vez eu sabia que era diferente. Esperar por um doador enquanto você vê sua saúde se deteriorar não dá muitas esperanças. Definitivamente você sabe que está fora do controle", explica.

Da infância pobre, ele diz: "sempre me senti como se o lobo estivesse à espreita. Achava que algo ruim iria acontecer, então fazia de tudo para prevenir-me. Até mesmo depois do Super Bowl, sentia receios cada vez que pensava nos novos talentos do esporte. Precisava realizar ainda mais."

Quando ficou cara a cara com a morte, esperando por um rim, Keith ainda tinha dificuldade em pedir ajuda. Os médicos lhe disseram que ele deveria procurar um doador na própria família, mas ele não sabia como pedir. Nem mesmo quando foi a um programa esportivo de rádio. "Durante o programa, eu dizia 'pessoas como eu precisam da sua ajuda'. Não conseguia dizer 'preciso da sua ajuda'."

Keith sempre acreditara que tinha de *fazer* algo para obter sucesso, segurança financeira e amor. Agora ele não tinha nada para dar em troca. Deus então seguiu Seu plano para a vida de Keith. O celular dele tocou e antes que ele pudesse dizer "alô", escutou a euforia de sua esposa: "você já soube do doador? Ele já ligou para você?", Sue perguntou. Ele não conseguia acreditar. "Quem é?", perguntou. "Um rapaz chamado Apham ligou", disse Sue.

Keith ficou muito surpreso. Ele havia conhecido um homem chamado Apham Nnaji uma vez, durante um encontro para a leitura da Bíblia, muitos meses atrás. Mas ele era um completo estranho. Keith não acreditou que Apham pudesse ser o doador. Ele então olhou para seu celular, onde havia uma chamada à espera. O homem na linha disse: "eu gostaria de doar um de meus rins para você." Era Apham.

"Eu não consegui responder na hora", lembra Keith. "Enquanto conversávamos, pensei por que ele faria isso por mim, mas não perguntei com medo que ele mudasse de idéia. Ao desligar, liguei de volta e perguntei se ele estava me passando um trote, mas ele garantiu que sua oferta era real". A cirurgia foi marcada para a semana seguinte.

Keith e Sue Fahnhorst marcaram um jantar com Apham e Janel Nnaji, mas quando a data se aproximou, o casal ficou bastante receoso. Cinco minutos após as apresentações, Keith se lembra de ter pensado: "oh, Meu Deus! Isto é pra valer! Ele está fazendo isso de coração".

Numa manhã de fevereiro de 2002, o médico John Najarian e uma equipe de cirurgiões da Universidade de Minesotta transplantaram com sucesso um dos rins saudáveis de Apham.

"Meu bem-estar físico vem progredindo, mas essa não é a bênção", explica Keith. "Agora sei que há um ser no controle, o Senhor. Esse é o ponto principal. Às vezes ainda me sinto inseguro quanto ao futuro, mas sei que Deus está cuidando de mim".

Ao saber dessa história sempre achei que havia algo mais. Por que um estranho arriscaria sua própria vida para salvar outro homem? Encontrei-me com Apham para descobrir a resposta — e escutei dele outra história sobre o amor de Deus.

Combinação perfeita: Apham Nnaji

Apham Nnaji cresceu em Enugu, na Nigéria. Tornou-se locutor de notícias, mas frustrado com a corrupção e a censura de seu país, mudou-se para os Estados Unidos, em 1991. "Eu era motivado pelo dinheiro. Quando você cresce com nove irmãos e irmãs em um país pobre como o meu, você se sente motivado por isso."

Ele trabalhou com vendas, em uma companhia de comunicações. Ainda assim, sua paixão era ajudar o povo da Nigéria. Queria criar uma emissora de rádio cristã e decidiu buscar apoio financeiro para sua causa. Por meio de seu trabalho, soube de um grupo de executivos que se encontrava regularmente para estudar a Bíblia. Foi quando se encontrou com o grupo para apresentar seu projeto e solicitar auxílio.

No encontro, Apham conheceu Keith Fahnhorst. "Eu estava sentado do lado oposto da mesa", recorda. "E o reflexo de seu anel ofuscava meus olhos. Era um anel do campeonato Super Bowl. Tivemos uma conversa rápida. Eu disse a ele que era fã do time adversário, mas brinquei dizendo que não usaria isso contra ele."

Em vez de uma oferta financeira, porém, o grupo pediu para Apham juntar-se ao grupo de estudos da Bíblia. "Eu fiquei desapontado. Estava procurando ajuda financeira, não fazer parte de um grupo."

Um incidente, porém, logo o fez mudar de idéia. "Fui acusado injustamente de ameaçar uma pessoa com uma arma, por isso tinha de comparecer a uma audiência no tribunal. Foi quando a maioria dos membros do grupo veio me apoiar. E eu pensei: 'eles acabaram de me conhecer, mas se importam de verdade'."

Apham foi para a Nigéria a trabalho e quando voltou Keith não estava mais freqüentando o grupo. Ao perguntar sobre o rapaz com o anel, ficou surpreso ao saber que ele estava muito doente e precisava de um rim. Pessoas do grupo já haviam feito testes para ver se tinham rins compatíveis. Ele jamais pensara em doar um órgão, era até mesmo radicalmente contra.

O tempo, porém, passou e Apham não conseguia tirar Keith da cabeça: "ficava remoendo em minha mente. Finalmente, pensei: 'vá e faça o teste. Tente. Depois, você ao menos poderá dizer que tentou'."

E então Aphram foi até a Universidade de Minesotta para fazer o teste. Lembra do alívio que sentiu ao sair do hospital: "ótimo, tirei essa pulga da orelha. Ele é branco. Eu sou negro. Nunca vai combinar. Não tenho que me preocupar mais com isso."

E aí ele recebeu a chamada do hospital: era a combinação perfeita! "Eu entrei em choque", explica Apham. Nesse momento, a empresa onde trabalhava passava por reestruturações e Apham estava confuso, pois sabia que doar um rim significaria ficar fora de ação por três ou quatro meses. Como podia permitir-se correr tamanho risco financeiro — e médico?

Aphram procurava respostas. Procurou seus mentores espirituais, familiares e amigos. No fim, percebeu que apenas uma fonte tinha a resposta para seu dilema. Aphram orou. "Deus, se Você quer que eu faça isso, terá de me mostrar o caminho".

Menos de duas semanas depois, Aphram foi despedido. Resposta Dele? "Se essa não foi a resposta de Deus, eu não sei o que foi. Vi minha dispensa como um sinal de Deus, que dizia: 'agora você não tem nenhuma razão para não fazer isso'."

Chamou Keith e disse: "eu gostaria de doar um de meus rins para você. Acabei de ser dispensado do trabalho, portanto, vamos fazer isso de uma vez por todas".

Conhecendo essa história, nós então pensamos: "claro, Deus vai recompensá-lo por sua doação e sacrifício." Mas a vida de Aphram de repente complicou-se. Após a cirurgia, sua esposa ficou grávida, com complicações que a fizeram ter de se resguardar. Aphram não conseguia arranjar emprego. Foram nove meses de dificuldades e obstáculos. Aphram então questionou Deus se ele estava sendo punido por sua decisão.

À primeira vista, parece que o amor de Deus foi arbitrário. Um homem arriscou sua vida e agiu de coração para em troca passar por nove meses de sofrimento? E o outro homem, que aparentemente não fez nada, nem mesmo pediu ajuda a Deus, foi abençoado com um rim que salvou sua vida?

Enquanto me aprofundava na história, descobri que Keith e Aphram receberam exatamente o que precisavam: a garantia de que Deus os amava com paixão, independentemente de suas ações. Eles aprenderam a confiar em Deus mesmo quando a vida parecia não fazer sentido.

> *"Sabemos que Deus age em todas as coisas para o bem daqueles que o amam, os que foram chamados de acordo com o seu propósito."* (Romanos 8.28)

Apham acabou conseguindo um novo emprego e, três dias depois, sua esposa, após a gravidez de risco, deu à luz a uma bela menina saudável.

Enquanto Apham revia o que pareceu ser o pior ano de sua vida, ele chegou à impressionante conclusão de que fora, na verdade, seu melhor ano. "Foi uma enorme lição de confiança em Deus acreditar que Ele sempre tem a melhor das intenções". A esposa de Apham concorda com o marido: a experiência que tiveram foi uma verdadeira dádiva de Deus.

SOLUÇÃO: DESCOBRIR A PARCERIA COM DEUS, VITÓRIA TRIPLA

Jesus descreve nossa parceria com Deus: "Tudo o que tenho é teu, e tudo o que tens é meu" (João 17.10).

Em vez de uma parceria de negócios baseada em desempenho e amor condicional, com o Senhor Deus nós temos uma parceria de vitórias, vitórias, vitórias — três vezes: vitórias para você, para os outros e para Deus. Uma parceria de vitórias é uma associação dinâmica, que evolui entre você e o Senhor. Fortalecida desde o início pelo amor incondicional de Deus, essa parceria transborda de bênçãos para você, Deus e as pessoas a sua volta. Vitória tripla.

Vamos observar como essa parceria funciona. Em primeiro lugar, Deus lhe deu a maior dádiva de todas — Ele mesmo, na forma do Espírito Santo. Deus concedeu seu único filho, Jesus Cristo, para que Ele pudesse viver em você, guiar-lhe e lhe dar capacidade e energia para você superar quaisquer obstáculos em seu caminho. Além disso, Deus lhe deu talentos únicos e dádivas para que você seja bem-sucedido. Mesmo em seus momentos de maior fraqueza, quando você pensa que não há saída, Deus trabalha poderosamente para lhe ajudar. A graça de Deus está sempre lá, onde você mais precisa.

Em segundo lugar, seu presente para Deus é simples: aceite Suas dádivas. Utilize-as para lhe transformar no sucesso que Ele planejou para você. Viva uma vida de abundância, experimentando amor, paz e alegria, independente das circunstâncias que o cercam. Saiba que você traz prazer a Deus. Fomos criados para Seu prazer. E Deus deleita-se com pessoas que vivem para Seu propósito e glória.

Lembro-me de ter participado de um retiro, ocasião em que me senti tão abençoado por Deus, que comecei a orar: "Deus, como posso agradecer por todas as Suas bênçãos?". Ouvi Sua resposta: "Pare de preocupar-se e viva intensamente a vida que lhe dei!". Que profunda revelação foi essa para mim! Damos prazer a Deus quando agradecidos, aceitamos suas dádivas e as apreciamos. Infelizmente, muitos perdem essa grande verdade. Conheço muitas pessoas que estão "salvas" e, mesmo assim, vivem sua vida à revelia, sem nunca experimentar plenamente a vida abundante aqui da Terra. Através da procura e confiança de Deus, nos tornamos os líderes de sucesso que Ele nos criou para ser.

E, finalmente, em terceiro lugar, enquanto você se beneficia de sua parceria com Deus, no final das contas a vida não diz respeito só a você. Você é chamado para fazer a diferença neste mundo. Embora o tamanho de seu "mundo" possa ser diferente do de seu vizinho, você é chamado para servir outros, não por obrigação, mas através do genuíno amor. Quando você tem uma vida significativa, você influencia os outros.

Porque você desenvolve naturalmente os frutos do Espírito — amor, alegria, paz, paciência, bondade, gentileza, lealdade e autocontrole —, eles transbordam a sua volta. Quando você vive em parceria com Deus, faz diferença na vida de outras pessoas — no lar, no trabalho e em sua comunidade. Você deixa um legado. E faz do mundo um lugar melhor.

Chamado único

A frase menos motivadora que ouvi em minha vida partiu de uma orientadora, na escola secundária. Ela me disse: "Larry, você é um bom estudante médio e acho que vai se encaixar muito bem na sociedade". Eu não a culpo pela frase. Ela achou que estava fazendo seu trabalho, conduzindo-me rumo a uma carreira. No entanto, sua visão refletia as expectativas da sociedade: ir à escola, formar-se, entrar na faculdade, escolher uma carreira, trabalhar, casar, ter dois filhos e meio (a média considerada padrão), acender na hierarquia profissional, tornar-se cidadão contribuinte, aposentar-se, jogar golfe ou xadrez e então morrer. Talvez isso não seja tão ruim, mas falta algo.

> *"Vocês não me escolheram, mas eu os escolhi para irem e darem frutos, fruto que permaneça."*
> (João 15.16)

Esse paradigma visa a preencher expectativas da sociedade em relação à vida, ao trabalho, ao sucesso e à família. Não inclui nada a respeito de ser chamado por Deus.

Como orador, consultor e *coach*, encontrei milhares de pessoas, do chão de fábrica aos CEOs, espantando-me com as diferenças entre elas. Cada um apresentava força, fraqueza, talento, estilo de comunicação, de aprendizado e background únicos. Mesmo assim, a sociedade classificava e classifica essas pessoas como se as colocassem em caixas com etiquetas. Nós somos negros, brancos, republicanos, democratas, educados, ignorantes, empregados, subempregados, desempregados e assim por diante.

> *"Antes de formá-lo no ventre eu o escolhi; antes de você nascer, eu o separei e o designei profeta às nações."*
> (Jeremias 1.5)

Deus se relaciona conosco individualmente. Ele sabe qual o melhor ensinamento e prepara cada pessoa para Seu propósito. Deus chama cada um de nós de uma maneira bem única e muitas vezes inesperada. Em vez de Deus se ajustar a nossos planos, precisamos aprender a nos abrir para a compreensão do papel que Deus quer que cada um de nós tenha em Seu plano.

Deus em ação

Deus está trabalhando aonde quer que você vá. Ele está com você no trabalho, em casa e em todos os seus afazeres. Sua parceria com Deus não é uma relação de meio-período, mas de 24 horas por dia, sete dias por semana. Seu trabalho devia ser uma expressão natural de sua parceria com Ele, tornando você uma pessoa de negócios melhor, um pai, uma esposa e um amigo melhor.

Se você segue a orientação de Deus em sua vida e trabalho, você terá sucesso à maneira de Deus. Você não irá apenas experimentar o fruto do Espírito — amor, paz e alegria, mas devolverá o fruto por fazer a diferença na vida de outras pessoas. Se você detém Deus na porta do seu trabalho, sucumbirá às regras dos negócios que minam o sucesso que Deus planejou para você.

Se você faz o mesmo na porta de sua casa, acaba adentrando na vida familiar sem cultivar o amor fundamental, que é requinto fundamental para uma família crescer. Quando você segue só, você acaba sucumbindo sob a pressão do mundo pelo "sucesso" — e nada será suficiente. Você vai se queimar e tornar-se ineficaz.

Quando Deus é seu parceiro, por outro lado, você segue um conjunto de padrões mais altos, adicionando excelência em tudo que faz. Torna-se uma forma de culto.

O seu artefato, o fruto de seu trabalho, assim merecerá levar a assinatura de Deus e o serviço que você fornece não visará atender apenas ao consumidor, mas será feito pelo amor de servir aos outros. Deus nos dá diretrizes, não prazo de entrega. Ele provê uma maneira de você desfrutar seu trabalho e a vida, em vez de simplesmente correr de tarefa em tarefa.

Papéis, responsabilidades e expectativas

Nós, muitas vezes, temos dificuldades em compreender e aplicar nossa parceria com Deus. Alguns de nós são indivíduos que gostam de assumir o controle. Tendemos a correr na frente de Deus fazendo uma série de coisas, mas, em geral, não estamos alinhados com Ele. Alguns de nós até se crêem desamparados e impotentes. Alegamos que "o Senhor dará, Deus dará", depois nos sentamos ociosamente esperando Deus realizar o trabalho.

Qual é, porém, o equilíbrio perfeito? Quando devemos renunciar ao controle e quando devemos assumi-lo? Pense a respeito da luta de Aphram quando escutou o estímulo de Deus para agir. Muitas vezes, pedem-nos um voto de fé, mesmo quando a decisão ou ação vai contra a lógica pessoal ou a lógica de negócios.

A experiência de Keith é um exemplo das vezes em que a vida lança uma bola em curva, com efeito, quando somos atingidos por algo com o qual não podemos lidar sozinhos. Como Keith fez, precisamos ceder ao controle em favor de Deus e permitir que Ele nos guie.

Você precisa perguntar: "Qual o meu papel na parceria com Deus? O que Ele espera de mim? Qual o papel de Deus?". Esse equilíbrio é interessante. E dá margem a respostas para questões como "Qual é a minha responsabilidade? E a de Deus?".

No centro de qualquer relação reside uma tensão dinâmica que pode levar ao crescimento e à maturidade. Sua relação com Deus também é assim. Há ritmo, elementos de controle e de renúncia. Inclui o movimento de descoberta do chamado do Senhor. Você precisa morrer para seus desejos egoístas e render-se à vontade de Deus, superando os desafios e cumprindo com seu destino.

Nesse movimento, há dois processos em curso: um é o processo de desprendimento, de limpeza (do ego). O outro, é o processo de construção, de crescimento (da semelhança com Deus). A postura de renúncia e a postura de controle trabalham lado a lado.

Postura da renúncia

Precisamos nos desprender de coisas — nosso poder, ego, medos e controle — para sermos úteis a Deus. A postura da renúncia é a postura da submissão a Deus. A renúncia coloca Deus em primeiro lugar. Em Sua posição de direito. É uma expressão de honra, respeito e deferência a Deus. A renúncia nos prepara para nos comunicarmos com Deus.

Trata-se de um processo de desprendimento e de limpeza das coisas mundanas que nos impedem de escutar Sua voz. Chame de pecado, chame de ego, chame de ídolos. Chame do que quiser, mas para nos comunicarmos com Deus, precisamos clarear a mente, o coração e a alma. Quanto mais você se desprender, mais será capaz de ser usado por Deus.

A renúncia também é uma postura de paz. É o lugar fundamental para a união com Deus, a perfeita harmonia que aproxima a vontade de Deus e sua aceitação. É um lugar de confiança, segurança e convicção de que Deus está com você. Renúncia não é um evento, mas um processo diário. Para alguns, é a coisa mais difícil que já fizeram. Em geral, pessoas de negócios acham que assumir o controle é fácil, mas confiar em Deus, muito difícil.

> *"Numa grande casa há vasos não apenas de ouro e de prata, mas também de madeira e barro; alguns para fins honrosos, outros, para fins desonrosos. E alguém se purificar dessas coisas, será vaso para honra, santificado, útil para o Senhor, e preparado para toda obra boa."*
> (1 Timóteo 2.20,21)

Renunciar "a seu próprio jeito" por Deus será a coisa mais importante que você já fez. Em vez de tomar o controle de sua vida, às vezes você precisa sair da frente e permitir que Deus atue por seu intermédio. Relaxe. Pare de abusar de si tentando manobrar coisas além do seu controle. Fique tranqüilo. E saiba que Deus está trabalhando em você.

Postura de controle

A postura de controle é uma responsabilidade pessoal. Deus nos deu o livre arbítrio e a habilidade de fazer escolhas. Assumir o controle significa colocar a nossa fé em ação. Essa é uma postura de poder, coragem, iniciativa pessoal, liderança, integridade, responsabilidade, disciplina, perseverança, ação e execução. É nessa postura que a parceria com Deus se manifesta em nosso trabalho e vida.

Com o poder, o propósito e o amor de Cristo em nosso ser, é possível superar os desafios da vida para se tornar o sucesso que Deus quer. Quando Neemias foi chamado por Deus para reconstruir os muros de Jerusalém, ele não pediu a Deus para construir o muro por ele. Ele pediu forças para construir o muro. Neemias organizou a força de trabalho e usou suas habilidades de liderança para a tarefa. Quando Deus pediu a Salomão para conduzir Israel, ele não pediu a Deus para fazer o trabalho por ele. Pediu sabedoria para poder realizá-lo. Por toda a Bíblia, encontramos exemplos de líderes como esses que tinham uma postura de submissão a Deus e também de controle, o que lhes permitiu cumprir o plano de Deus e fazer o seu trabalho.

Quando permitimos a nós mesmos sermos confortados, aprendemos a confortar os outros. Quando nos submetemos à autoridade do Senhor, estamos aptos a resistir ao Diabo. (Ver Tiago 4.7: "Submetam-se a Deus. Resistam ao Diabo, e ele fugirá de vocês").

O seu sucesso em transpor os obstáculos reside tanto em sua postura de renúncia quanto na de controle. A chave é entender quando se render e quando assumir o controle.

Em meu trabalho com executivos, os líderes têm a tendência de controlar coisas que deveriam entregar a Deus (resultados dos negócios, condições econômicas, por exemplo) e de abrir mão do controle do que deveriam controlar (responsabilidade fiscal, agir corretamente, colocar pessoas e propósitos acima do lucro, por exemplo). Em sua parceria com Deus, compreender seu papel — quando se submeter a Deus e assumir responsabilidades — é sempre crítico.

Compreender seu papel

A "Prece da Serenidade" descreve com beleza a postura de renúncia e de controle de nossa parceria: "Deus, dá-me a serenidade para aceitar as coisas que não posso mudar, a coragem para mudar aquilo que posso, e a sabedoria para saber a diferença".

> *"Nosso Senhor nunca toma medidas para que eu faça o que Ele quer. Às vezes, desejaria que Deus me dominasse e me controlasse para obrigar-me a fazer o que Ele quer, mas Ele não fará isso. Outras vezes desejaria que Ele me deixasse só, mas Ele não nos deixa."*
> Oswald Chambers

Tendemos a agir primeiro e pensar depois. Eu criei um método, que batizei de RCOP, por causa das iniciais das palavras a serem lembradas, com o objetivo de chamar você para uma pausa, a fim de interromper o que está fazendo e pedir orientação a Deus. O método em questão, explicado a seguir, vai ajudá-lo a identificar a que se render e o que controlar.

O método RCOP

Renuncie e procure	Desista de tentar controlar circunstâncias que vão além de seu controle. Procure o conselho de Deus em atitudes que você pode tomar sob seu próprio controle.
Confie	Confie em Deus porque Ele tem sempre o melhor interesse em Seus planos para você.
Obedeça	Obedeça-o de todo o seu coração. Obediência por obrigação é trabalho penoso. Obediência por amor é liberdade.
Persevere	Pratique a paciência. A vida vai testar sua parceria com Deus todos os dias. Seu papel é permanecer leal e decidido em seu relacionamento com o Senhor, mesmo que as circunstâncias sejam adversas.

Cada um de nós tem sido chamado para servir a Deus com alguma qualidade, seja para influenciar milhões ou só uma pessoa. Deus atua através de todo tipo de pessoas. Você não precisa ter título de doutor, ter muito talento, uma posição de destaque ou grande quantidade de dinheiro. Nem precisa realizar muita coisa. Bastam seu amor e sua obediência.

A maioria dos livros de auto-ajuda de hoje são egocêntricos, instigando você a pensar da seguinte maneira: "eu posso fazer acontecer. Eu posso ser qualquer coisa que eu quiser ser". Mas isso não é verdade. Na infância, eu queria ser jogador profissional de beisebol. Queria tanto que vários obstáculos surgiram no meu caminho: problemas de coluna e talento insuficiente. No entanto, em parceria com Deus, você pode ser o co-criador de seu próprio destino.

> *"Obediência por obrigação é tarefa penosa. Obediência por amor é liberdade."*

Quando Deus lhe chama por algum propósito e você segue o Seu chamado, você cumpre com um destino que O honra. Você não está aqui para o seu prazer, mas para o prazer do Senhor. O seu trabalho não é realizar os seus planos, mas os Dele. Deus abençoa e trabalha por intermédio de pessoas reais.

A sua vida importa para Deus. Compreender o papel que você desempenha para servir a um bem maior é importante. Embora você não seja o único criador de seu destino, é você quem o realiza.

Conclusão

Em uma tarde memorável, levei minha filha Grace, com três anos na época, ao playground do McDonald's. Enquanto eu comia meu sanduíche de filé de peixe, instintivamente reconheci o choro de Grace entre o barulho das crianças brincando ao lado. Corri na direção do som e a encontrei na plataforma de uma estrutura construída em forma de torre. Quando perguntei o que estava acontecendo, ela gritou em pânico: "estou entalada". Na verdade, ela não estava presa fisicamente, mas sim paralisada por causa do medo. Parou simplesmente porque tinha medo de prosseguir mais alto, mas também de voltar ao nível inferior.

Grace gritou outra vez: "papai, vem me pegar!". Eu não podia ajudá-la porque não cabia naqueles túneis concebidos para crianças pequenas. Cheguei a visualizar o resgate chegando com a moto-serra para tirar um *cinquentão* entalado no parquinho do McDonald's! Permaneci no fundo da torre, pronto para ajudar minha filha. Sabia que ela era capaz de passar para o próximo nível, mas também compreendia que o medo a impedia de se mover.

Fiz três coisas: primeiro, disse a Grace que eu era sua rede de proteção. Assegurei que ela estava em segurança e que eu a pegaria de qualquer maneira. Depois, disse o que ela deveria fazer para passar ao próximo nível, orientando-a como se deslocar. Em seguida, encorajei-a com todo o meu coração de pai. Eu era o maior líder de torcida naquele McDonald's! Eu berrava "você pode fazê-lo, docinho, você pode! Eu estou aqui!".

Depois de longa pausa, Grace tomou coragem e se lançou até o próximo nível. Nunca vou me esquecer da alegria que eu senti. Com essa primeira vitória, ela se levantou e subiu na plataforma seguinte e depois na próxima e depois na outra. Em 30 segundos, ela subiu até o topo da torre onde eu não podia mais vê-la. E então escutei aquele gritinho de vitória: "Consegui! U-hu!!". Meu coração levantou voo, tamanha a felicidade!

Essa experiência foi uma das maiores bênçãos de minha vida. Senti uma alegria que vou saborear para sempre. Da mesma maneira, acho que o coração de Deus salta de alegria quando você vence um obstáculo e atinge outros níveis. Ele aprecia os momentos em que você coloca sua confiança Nele e ama quando você corajosamente arremessa-se com fé.

> *"Deus não nos dá uma vida de superações, Ele nos dá vida na medida em que vencemos."*
> Oswald Chambers

Não é a superação, mas a relação, o processo de trabalhar em parceria com você que dá prazer ao Senhor.

Grace aprendeu como entregar-se, ao escutar e aceitar a orientação e confiar no amor de seu pai. Ela também teve que tomar o controle de seu medo e seguir a orientação recebida. Deus implantou em você o poder de superar quaisquer obstáculos que você enfrente. Quando começamos a compreender nosso papel nessa parceria e perceber a que renunciar e sobre o que assumir o controle, superáramos qualquer obstáculo a sua frente. Sua parceria com o Todo-poderoso crescerá. À medida que você vence as barreiras, descobre a vida de sucesso que Deus projetou especificamente para você.

APLICAÇÕES PRÁTICAS

Regras da Parceria			
	PAPEL DE DEUS	SEU PAPEL *(Postura de Renúncia)*	SEU PAPEL *(Postura de Controle)*
Propósito	Dar propósito a sua vida	Compreender e aceitar o propósito de Deus e seu papel na vida	Atender e completar o chamado de Deus
Perspectiva	Providenciar sabedoria e orientação	Preparar-se para escutar o chamado de Deus	Fazer o que Ele diz
Proteção	Proteger você de danos	Confiar a Deus sua proteção e segurança	Ser vigilante quanto ao futuro, não amedrontado. Ser destemido/corajoso na fé, não tímido
Meios	Prover segurança	Confiar em Deus no presente e não se preocupar com o futuro	Ser um administrador das dádivas e recursos que Deus lhe dá
Poder/Força	Dar-lhe força para superar os obstáculos	Abdicar do controle dos resultados por Deus	Fazer o que está ao seu alcance
Paz	Dar-lhe paz em meio ao estresse e a tempestades	Entregar a Ele todas as suas ansiedades	Enfrentar e superar os meios que lhe afastam do sucesso
Prosperidade	Dar-lhe vida em abundância; desenvolver em você os frutos do Espírito Santo	Aceitar a graça do presente de Deus e viver com gratidão	Assumir as responsabilidades da vida que Deus lhe deu; tornar-se o sucesso que Deus planejou para você.

Exercício 1: Regras de Parceria

A tabela acima mostra o papel de Deus e o seu papel na parceria — na realização do seu destino Divino.

Primeiro passo: concentre-se sobre cada meio.

Segundo passo: identifique as áreas em que você sente que está ultrapassando os limites e tentando executar o papel de Deus.

Terceiro passo: identifique as áreas em que você sente que está falhando em cumprir com seu papel.

Quarto passo: por escrito, peça a Deus clareza e realce as áreas em que você se esforça. Peça a ajuda de Deus para aceitar o papel Dele na parceria e ter coragem de viver e assumir o seu papel.

Exercício 2: Renúncia x Controle

Desde que sua parceria com Deus inclui as duas posturas e responsabilidade pessoal, sempre existe uma tensão entre ambas. Essa tensão lhe permite experimentar uma evolução de caráter. Reserve um tempo para refletir sobre a sua parceria atual. Reveja as palavras nas duas colunas da próxima página:

RENUNCIAR (PELA VONTADE DE DEUS)	ASSUMIR O CONTROLE (DA VONTADE DE DEUS)
Morte (do Eu, de uma idéia, um sonho)	Renovação
Humildade	Confiança
Aceitação	Resistência
Fraqueza	Força
Submissão	Luta
Descanso	Trabalho
Escutar	Falar em voz alta
Aprender	Ensinar
Discernir (a Verdade)	Decidir
Ser confortado	Confortar o próximo
Ser paciente	Assumir o controle
Ficar parado	Agir
Receber	Dar
Confiar em Deus	Viver com integridade
Abrir mão do controle	Superar
Esperar	Vá!

Primeiro passo: circule as palavras (em ambas as colunas) que melhor traduzem sua parceria com Deus.

Segundo passo: você tende a se concentrar mais na Postura de Renúncia ou de Controle?

Terceiro passo: marque com um quadrado a palavra ou as palavras que identificam as áreas em que você se esforça mais.

Quarto passo: pense com devoção sobre qual dessas áreas Deus está pedindo para você mudar.

Quinto passo: peça a Deus para lhe revelar como você pode honrá-Lo melhor nessa parceria. Anote o que lhe vier à cabeça.

GUIA DE DISCUSSÃO

1. Como você descreve sua parceria com Deus?
2. Numa escala de 1-10, considerando sua parceria com Deus, onde você se situa no seguinte aspecto:

1 Meio-período	5	Tempo Integral 10
1 Amor condicional	5	Amor incondicional 10

3. Como você descreveria sua vida e trabalho se você fosse capaz de se auto-avaliar com um 10? Descreva.
4. Como Deus demonstrou Seu amor no ano que passou?
5. Na parceria com Deus, qual o nível de clareza que você tem em relação a seu papel? E no trabalho? E no lar?
6. Como essa parceria se manifesta no trabalho? No lar? Descreva resumidamente.
7. Considerando-se a tensão dinâmica entre as duas posturas, em qual delas você se empenha mais?
8. Qual é o fardo que você ainda carrega que precisa ser entregue a Deus?
9. Em qual área você precisa confiar em Deus?
10. Em qual área Deus lhe pede mais atenção, sem que você possa atendê-Lo?
11. Em qual área você precisa perseverar o mais rápido possível?
12. Que clareza e orientação você precisa e quer ter de Deus, considerando-se a sua parceria com Ele?

Capítulo 2

Superar a dor e descobrir o portal

Na primavera de 1996, minha esposa Sherri e eu aguardávamos ansiosamente por boas-novas. Nosso casamento era feliz, nossa caminhada com o Senhor causava-nos muita satisfação e a vida estava ótima. Foi quando me senti chamado a escrever um livro sobre um tema que meu coração conhecia bem: a integração entre a fé e o trabalho.

Sherri gostou da idéia e me apoiou na decisão. Meses mais tarde, decidimos que era hora de iniciarmos a nossa família. Naquela época, tudo parecia possível. Nosso futuro prometia ser brilhante.

Comecei a procurar por uma editora. Todo dia esperava ansioso pelo carteiro. Mas passaram-se meses. Das editoras, só chegavam cartas de rejeição. Dois anos depois, nenhum interesse. Ao mesmo tempo, esperávamos pela confirmação da gravidez de Sherri, mas todo mês nos desapontávamos. A Bíblia afirma que "a esperança que se retarda deixa o coração doente." (Provérbios 13.12).

Depois de um ano, estávamos receosos de continuar a ter esperanças. Nosso entusiasmo pelo livro e pelo bebê vinha sendo corroído pelo insucesso. Até que, na primavera de 1998, recebemos a grande notícia: Sherri estava grávida!

Seis semanas mais tarde, entramos em choque quando Sherri sofreu um aborto espontâneo. Depois de dois anos de rejeições das editoras e de um ano tentando conceber um bebê, eu quis desistir. Não queria mais sentir dor. Mas após orarmos muito, decidimos continuar tentando.

Por um milagre, ela engravidou novamente dois meses mais tarde. Deus ouvira nossas orações. Nossa alegria logo aplacou a dor da rejeição. E então pensei: "posso não ter realizado o sonho de publicar o livro, mas estou realizando o sonho de ter um filho. Cinqüenta por centro de realização não é nada mal."

No dia seis de novembro de 1998, acordei com uma grande alegria. Era um dia calmo e ensolarado de fim de outono em Minnesota. Sherri então se aproximou, ela parecia ansiosa. Jamais esquecerei suas palavras: "não fique preocupado, mas acho que alguma coisa está errada. Já chamei a enfermeira e ela disse que eu deveria ir ao hospital."

Um pouco mais tarde, na sala do médico, fitávamos com olhos arregalados a tela do ultra-som. A imagem revelava que nossa criança tão preciosa morrera, seu coração não batia mais. Ficamos abaladíssimos. Meu mundo desabara novamente.

Sentia-me totalmente impotente ao ver Sherri, dois dias depois, passar pela dor e agonia de abortar nosso bebê. Queria muito ajudar, mas não havia nada que eu pudesse fazer. Sempre admirei a dignidade de Sherri, uma graça e dignidade que reverenciam ao Senhor.

Eu sentia que nós havíamos obedecido ao Senhor, 'servindo-O' fervorosamente durante esses dois anos de provação. Finalmente, depois de vê-la lidar com as dificuldades físicas e emocionais do segundo aborto, alguma coisa em mim se quebrou. Assim já era demais!

Embora eu soubesse que deveria estar ao lado de Sherri, resmunguei que precisava sair por alguns minutos. Eu estava furioso com Deus.

Como Ele podia permitir que uma coisa tão cruel assim acontecesse a uma mulher que O honrava? Saí de casa, entrei no carro e saí acelerando pela noite. Não sabia aonde ir, só queria fugir da dor o mais rápido possível.

PROBLEMA: FUGIR DA DOR É DEIXAR DE VIVER AS BÊNÇÃOS OCULTAS

Passei a maior parte da vida evitando a dor. Sempre procurei esquivar-me de todo conflito e adversidade que ameaçassem meu caminho para o sucesso. Como adulto, no mundo dos negócios, eu tinha planos para ter sucesso, cheios de metas e organogramas. A dor e a adversidade eram obstáculos a serem evitados a todo custo. Eu trilhava uma estrada de alta velocidade e não queria nada bloqueando o meu caminho.

Hoje, como consultor de negócios, eu acho que os líderes executivos evitam a dor da mesma maneira. Às vezes, não é uma dor pessoal. Às vezes, é só a dor de um problema no trabalho ou mesmo causada por um funcionário-problema. De qualquer maneira, muitos líderes tentam contornar o problema em vez de bater de frente com ele.

Só que a dor evitada um dia os alcança e, então, eles são forçados a se confrontar com ela. E aí, há apenas duas opções: continuar fugindo ou abraçá-la. Essa escolha define seus destinos.

"Em suas próprias palavras": por Jay Coughlan

Jay Coughlan era um garoto descolado das ruas da Filadélfia, que se tornou diretor da divisão de serviços de saúde da Lawson Software. Ele sempre esteve no caminho mais rápido rumo ao sucesso. Mas, de repente, teve de se confrontar com uma grande dor. Sua escolha — fugir ou abraçar a dor —, acabou por levá-lo a um novo destino. A seguir a história de Jay, por suas próprias palavras.

"Começava a escurecer. Meu pai e eu estávamos nos divertindo, caçando juntos e bebendo. Mas era hora de voltar para casa. Acelerei para chegar a tempo da festa de aniversário de três anos do meu filho.

A única coisa que me lembro a seguir foi sentir uma dor insuportável. Eu estava usando um colete cervical no pescoço e deitado na maca de uma ambulância, atendido por paramédicos.

Quando voltei a acordar, olhei para cima e vi luzes brilhantes e gente correndo de um lado para outro. Minha mãe e minha esposa June estavam ao lado da cama. A única coisa que eu sabia era que sentia muita dor. Cada movimento era um suplício. Aparentemente, eu havia quebrado a bacia. Também lembro de ter dito 'isso dói de verdade', quando o médico examinou minha mão.

Eu via a expressão grave no rosto de minha mãe e sabia que algo estava errado. E ela olhou para mim e disse suavemente: 'seu pai não conseguiu'. Papai falecera.

Percebi então que sofrera um acidente — de algum jeito, eu matara meu pai. Lembro-me de ter gritado, chorado e tentado sair da cama onde estava amarrado. Mas não podia andar nem me mexer. Só tentava ir embora. Queria correr, fugir da dor.

Então, a dor física parou. Em seu lugar, veio uma dor emocional, dez vezes pior. Sonhei que matara meu pai. Gritei de agonia. Acordei e compreendi que o pesadelo era real. Estava em um mundo doloroso. Só, em um quarto de hospital, passava horas com os olhos fixos no ponteiro dos segundos de um relógio afixado ali. Havia um conta-gotas na minha mão esquerda, administrando morfina. Deveria aliviar a dor, mas ela não ia embora.

Tive muitos pesadelos, oscilando entre consciência e inconsciência. Não podia ouvir minha mãe, nem minha mulher, nem o religioso que veio falar comigo. Seja lá o que diziam, eu não escutava. Só pensava que tinha sido o responsável por matar meu pai. Meu pai, meu melhor amigo, a quem eu ligava toda semana nos últimos 15 anos, não estava mais aqui — porque eu o matara.

Vivi em meu pesadelo até que um desconhecido entrou em meu quarto de hospital. Nunca o vira. Começamos a conversar e uma hora ele me perguntou: 'você está procurando Jesus?'. Furioso, retruquei que não sabia o que ele estava falando, porque estava preso à cama e tinha matado meu pai. Ele então falou sobre perdão e admitiu que era um pecador. E eu pensei: 'bom, eu estou então no topo da lista dos pecadores, porque bebi, dirigi e matei meu pai'.

E ele então disse: 'se você quer receber o perdão, precisa aceitar que pecou e pedir a Deus por seu perdão'. Não sei se a conversa durou dois minutos ou vinte, mas me vi orando com um estranho, chamando Jesus para a minha vida. Tudo o que sei é que depois que o homem partiu, me senti muito melhor. Minha mulher entrou no quarto e eu estava sentado na cama. Olhei para ela e disse: 'acabei de aceitar Jesus em minha vida'.

Foi um momento poderoso, a culpa se foi, as coisas começaram a melhorar. Até aquele momento, eu me lembrava apenas do relógio e dos sonhos ruins. Minha memória começou a voltar. No dia seguinte, decidi parar com a morfina. A dor diminuíra a ponto de eu conseguir administrá-la.

Ainda lamentava a falta de meu pai e era o responsável por sua morte, mas eu sentira o perdão e não mais a culpa. Eu tivera uma segunda chance em tudo. A vida parecia diferente, eu queria retomá-la.

Minha casa estava de cabeça para baixo. Nosso lar fora transformado em uma instalação médica. A sala de jantar se tornara meu quarto hospitalar.

Tinham se passado três meses, eu em cadeira de rodas me recuperando, quando recebi a carta que eu sabia que viria: estava sendo acusado por causar uma morte no trânsito, com a perspectiva de receber uma sentença de quatro anos de prisão. Eu havia sido perdoado por Deus, mas não pelo Estado.

À medida que me preparava para o julgamento, tinha reuniões estressantes com o advogado, que tentava construir minha defesa baseada nas condições ruins das estradas. Foi quando eu disse a ele: 'eu estava bêbado. Eu perdi a curva e atingi o trem. Eu matei meu pai. Devo assumir minha responsabilidade'.

Entre março e setembro, eu vivia em uma montanha russa de altos e baixos emocionais. Do lado positivo, havia me recuperado o suficiente para voltar a trabalhar e fazer conquistas na empresa. Do lado negativo, pagava um alto preço pelo estresse com a proximidade do julgamento, sempre adiado.

Jule e eu orávamos diariamente. Até que um dia eu disse: 'Senhor, está tudo em Suas mãos'. Acabei recebendo uma sentença de seis meses, algo inédito segundo palavras do meu advogado. Cumpri a pena na penitenciária e logo minha vida voltou ao normal. Mais importante, porém, foi encontrar meu alicerce em Jesus Cristo.

Honestamente, acredito que sem esse alicerce eu jamais haveria voltado da depressão que experimentei e não estaria aqui hoje. Por que Deus me mortificou e depois me abençoou? Não tenho idéia. Sei apenas que Ele o fez."

Propósito da dor

Todo mundo alguma vez já sentiu algum tipo de dor crônica — emocional ou física —, sem ter em vista qualquer alívio imediato. Quem já passou por isso provavelmente também não fez nada para merecê-la. E, mesmo assim, viveu essa agonia. Não quero diminuir a batalha de ninguém contra a dor, muito menos apontar meios de minimizar o seu impacto na vida das pessoas. Posso apenas falar por mim e compartilhar as experiências que conheço.

> *"Os justos clamam, o Senhor os ouve e os livra de todas as suas tribulações."*
> (Salmos 34.17)

Ressalto, porém, que Jesus Cristo está conosco na nossa dor. E sempre há um propósito nela. Nada é desperdiçado por Deus. Ele se utiliza de tudo para a Sua glória. Minha esposa Sherri e eu aprendemos muito bem isso. A dor é pessoal, profunda e extenuante. Em nossa experiência, fizemos tudo que estava dentro de nossas possibilidades para seguir o que acreditamos ser os desígnios de Deus para nossa vida. Mas a dor continuava lá. Tínhamos de fazer uma escolha. E fizemos, optando pelo caminho que Deus reservou para nós.

Jay precisou fazer a mesma escolha. Sim, ele cometeu um grave erro ao beber e dirigir, matando seu pai. Por isso sofreu as conseqüências de suas ações, não apenas indo preso, mas vivendo o resto de sua vida sabendo que tinha sido o responsável pela morte de seu pai.

Não existem meios humanos de Jay encontrar a paz. O milagre aconteceu porque essa dor o levou a um lugar onde ele pôde aceitar Jesus Cristo. Jay recebeu Jesus e foi perdoado por seu pecado. Ele encontrou a paz em meio à agonia da culpa. O perdão nos liberta da escravidão. Quando pedimos perdão a Deus, escolhemos perdoar ao próximo ou perdoar a nós mesmos. E o resultado dessa escolha é a liberdade. Isso só pode ser uma dádiva da graça de Deus, um dos grandes mistérios da vida.

Quando uma pessoa pensa que sua vida acabou, sua dor de repente torna-se o portal de uma nova vida. No final, a dor mais profunda pode nos conduzir ao cume de uma alegria imensurável. Jay lembra de sua tragédia como uma experiência mortificante. E ele se perguntou muitas vezes por que havia saído vivo do carro, por que Deus o abençoara permitindo que seus filhos continuassem a ter o pai junto deles.

Jay foi perdoado e abençoado com uma nova vida. Em sua dor, ele encontrou o parceiro perfeito para sua vida.

SOLUÇÃO: DESCOBRIR O PORTAL PARA SEU DESTINO

Quando o assunto é lidar com a dor, nossa primeira reação é escapar dela. Essa tentativa acaba gerando tanto estresse que, em vez de alívio, o desconforto é ainda maior. A saída, nesse caso, não é tentar fugir, mas abraçar a dor. Por quê? Simplesmente porque a dor clareia a realidade e prepara a mudança. Ela nos acua em um canto, nos desnuda e nos obriga a reagir. A dor nos revela a riqueza e as preciosidades da vida. Ela nos apresenta ao nosso verdadeiro eu, e, nesse processo, apresenta-nos a Deus de uma maneira que não poderíamos imaginar.

Nessa circunstância, temos duas escolhas: tombamos vítimas da dor ou confiamos em Deus, que sempre tem um propósito para nossas vidas. É nesse momento que devemos aceitar a parceria de Deus para transformar nossa dor em um novo caminho.

A dor testa a parceria com Deus, mas também oferece a oportunidade de se crescer mais próximo Dele. A dor cria uma troca de dádivas. E Deus lhe dá paz, paciência e perseverança para atravessar e superar a dor. Em troca, o maior presente que você pode dar a Deus durante esse processo é simplesmente confiar Nele. Confiar em Deus em meio à dor é a maior declaração de fé que se pode ter. Você aceita a dor de boa vontade porque confia em Deus.

> *"A dor serve a um importante propósito na vida. Ela clareia a realidade e se torna o catalisador para a mudança."*

Por outro lado, quando você foge da dor, não recebe Suas bênçãos. Você só experimenta mais dor. A solução é aproximar-se mais de Deus quando sentir dor.

Postura da renúncia: aceite a dor como dádiva de Deus

De que maneira as pessoas podem se entregar a Deus a ponto de não permitir que a dor cause ainda mais aflição? Em meio à dor, uma escolha dessas não faria sentido. Na verdade, em plena dor, qualquer pessoa só quer que ela se vá. Há quem, nessa situação, se sinta abandonado por Deus. Eu digo isso porque eu mesmo me senti assim.

Quando vivi a agonia de perder um filho pela segunda vez, a resignação da renúncia não foi fácil. Eu estava relutante em desistir do sonho de me tornar pai e de publicar um livro. Naquele domingo à noite quando eu fugi, senti-me preso na minha dor. De um lado, eu não queria desistir de meus sonhos. Havia apostado muito neles. Por outro lado, eu simplesmente não podia lidar mais com a perda e a rejeição. Minha resposta foi querer escapar do aperto sufocante da dor. Quando não consegui sair, entrei em pânico. Fugi. Mas não consegui escapar.

Fugi e praguejei contra Deus com toda minha força naquele domingo. Mas na segunda-feira de manhã, voltei para Ele. Não estava sendo uma pessoa nobre. Senti-me como um foragido condenado que decide se entregar.

Acredite-me, eu não me entreguei porque queria fazê-lo. Apenas porque cansei-me de fugir e não tinha mais para onde ir. Não havia mais combustível emocional e físico em meu tanque. Estava vazio. Naquele dia, despejei minha dor em meu diário.

Segunda-feira, 9 de novembro de 1998.

Prezado Deus,

Restou só o vazio. Hesito em escrever, porque meu espírito está cheio de ódio, raiva, frustração, desgosto e amargura. Quero tanto honrá-Lo, Senhor, no entanto, engalfinho-me com emoções que desrespeitam Sua Santidade e Seu valor.

Sinto-me desprotegido e vulnerável. Orei persistentemente, sinto que fui obediente e entrei em Seus caminhos. E, mesmo assim, minhas orações só encontraram desapontamentos, desânimo e derrotas. Sherri e eu, tentando ter uma criança, só nos deparamos com decepção atrás de decepção, por quase dois anos! A cada decepção, orei por Sua sabedoria e aqui estou, desnorteado, perguntando "por quê? O que virá a seguir? O que devo aprender?".

Procuro compreensão, e, ainda assim, não compreendo nada. Se meu objetivo era me tornar um nada, eu fui bem-sucedido.

À medida que as palavras saíam de meu coração direto para o papel, dei o primeiro passo em direção à renúncia. Eu ainda sentia dor no fundo da minha alma, mas ao menos eu parara de fugir. Na terça-feira, o tempo lá fora era de muita chuva, tempestades que assolavam o meu interior.

Acordei com o som da chuva pesada e do vento golpeando a escuridão. Mas como em um dia típico, comecei a manhã dirigindo-me ao café local. Mas aquela manhã algo estava diferente. Não havia nada a planejar. Minha vida, como eu havia sonhado, acabara. Eu era um caso arquivado. Não conseguia pensar em outra coisa senão na minha própria dor. De qualquer maneira, peguei meu café e sentei-me em meu lugar favorito, perto da janela panorâmica. Fiquei olhando a chuva torrencial.

> "Eu não sabia como nem por onde começar. Peguei um livro de Oswald Chambers e fui virando as páginas, até ler o seguinte: "você está realmente preocupado neste momento? Está confuso e com medo da turbulência que não permite a Deus entrar em sua vida? Passou um

pente fino na sua fé e não encontrou nenhum poço de alegria e conforto? A sua vida parece completamente estéril? Então erga os olhos e receba o Senhor Jesus."

Naquele momento, eu ergui os olhos. Emoldurado pela janela panorâmica, estava o olho da tempestade. Naquele dia, o olho da tempestade passara sobre um café em Plymouth, Minnesota.

Sempre gostei de meteorologia, sempre me senti mais perto do Senhor durante as tempestades. Naquele dia, diante do céu escuro de uma chuva torrencial, havia uma ponta de céu azul enviando raios de luz, um poderoso holofote. Era como se o Senhor Deus estivesse mandando aquele presente especial para mim. Meus olhos encheram-se de lágrimas. Sua presença era a mensagem. Era um simples "estou aqui e está tudo ok."

Terça-feira, 10 de novembro de 1998.

Prezado Deus,

Hoje presenciei uma rara visão. Testemunhei o olho de uma imensa tempestade. Em plena tempestade, acompanhada de ventos frios, as nuvens de repente se afastaram, a chuva parou, os ventos diminuíram e o sol apareceu.

Ergui minha cabeça, saindo do desespero, para encontrar a paz. Eu pensava que havia perdido Jesus, mas Ele nunca me perdeu de vista. Orei para que Ele me desse um sinal e Ele se mostrou.

Depois disso, as nuvens novamente cobriram o céu, eu sei como a natureza se movimenta, mas tudo ficou ok. Agora compreendo a bênção da paz dentro da tempestade. Senhor, muito obrigado por essa preciosa dádiva. O Senhor aquietou a minha tempestade interna.

Embora eu ainda sentisse dor, experimentei uma paz que nunca havia sentido. Finalmente entendi o que significava ter a "paz de Deus, que excede todo o entendimento" (Filipenses 4.7).

Compreendendo a diferença entre assumir o controle e renunciar

De alguma maneira, entre 9 e 17 de novembro mudamos a direção que Sherri e eu estávamos tomando. No dia 17, esbocei em meu diário uma imagem de Jesus Cristo como nosso alicerce, colocando sobre Ele camadas de palavras como amor, paz, alegria, Sherri, família, amigos, saúde, segurança financeira etc. Eu disse a Deus: "a partir deste momento meu futuro é uma tela branca, torno-me totalmente disponível. Não tenho certeza de onde vou, mas tenho confiança na minha fundação. Hoje sou grato pelo que tenho."

> *"Também no deserto vocês viram como o* SENHOR*, o seu Deus, os carregou, como um pai carrega seu filho, por todo o caminho que percorreram até chegarem a este lugar."*
> (Deuteronômio 1.31)

Os meses seguintes foram dolorosos, mas significativos. Serri e eu tivemos algumas das conversas mais profundas de nosso casamento. Disseram a nós que precisávamos nos desapegar de nossos desejos para sermos pais e autores. Para nós, "desapegar-nos" era uma palavra com conotação negativa, muito passiva. Significava desistir, jogar a toalha e tornarmos vítima das circunstâncias.

Mas, em nossas conversas, nós aprendemos mais sobre nós mesmos. Descobrimos que éramos pessoas pró-ativas, até criamos uma expressão que nos ajudava muito: "abrir mão do controle", expressão que não dava a idéia de passividade, mas denotava uma escolha. Podíamos continuar a tentar controlar as circunstâncias ou podíamos simplesmente "abrir mão do controle" da situação em favor de Deus.

Isso tudo fez parte do nosso longo processo de renúncia. Tomou-nos dez meses, antes de renunciarmos de verdade. Em nosso caso, tivemos de atingir o fundo do poço antes que pudéssemos abraçar o conceito de "abrir mão do controle". Durante esse tempo, a vida foi dura.

> *"Em vez de tentar controlar nosso destino, nós tentamos preencher nosso destino simplesmente aceitando e vivendo a vida que Deus nos deu."*

Finalmente, porém, chegamos a um lugar onde aceitamos que fosse feita a vontade de Deus. Pedimos para Ele nos libertar de nosso intenso desejo de ter filhos. Isso significava abrir mão do controle e aceitar o que viesse, talvez até mesmo a impossibilidade real de nunca termos filhos. Embora ainda chorássemos a morte de nossas crianças, ambos encontramos a paz, que nos permitiu seguir com nossa vida.

Ao mesmo tempo, renunciamos ao livro. Aceitamos o fato de que um editor talvez nunca quisesse publicá-lo. Concordamos que eu exploraria outras opções, como uma publicação independente ou escreveria artigos sobre o tema "Trabalho e Fé".

Renunciar à nossa vida não mudou nossa orientação. Ainda desejávamos filhos e eu ainda continuava a escrever *Deus é meu CEO*. Em vez de tentar *controlar* nosso destino, nós tentamos preenchê-lo aceitando e vivendo a vida que Deus nos deu.

Aceitamos nossas circunstâncias, sofremos e vivemos com a dor, um dia de cada vez, aceitando e apreciando seja lá o que tivéssemos para aquele dia. E alguns dias eram bons, outros bem ruins. Mas permitimos que Deus nos guiasse. E ao reavaliarmos o nosso processo de renúncia, descobrimos que tinha sido o mais significativo de nossa vida.

No sentido terreno, parece ter sido o período menos produtivo. Eu praticamente não tinha motivação, ambição ou ímpeto algum. Minha carreira de consultor sofreu com isso e eu quase não tinha renda. Quanto ao desejo de sermos pais, obviamente não tínhamos criança alguma. Já sob o ponto de vista espiritual, nosso tempo de "improdutividade terrena" foi bastante produtivo.

Deus nos preparou não para realizarmos nossas metas, mas para preenchermos nossos papéis. Que não era o de ter filhos, mas o de nos prepararmos para servir como pais. Que não era escrever um *best-seller*, mas ajudar leitores que precisassem integrar sua fé e seu trabalho.

Em 10 de julho de 2000, Sherri deu à luz a uma linda menina, a quem chamamos de Grace. Em março de 2001, *Deus é meu CEO* chegou às livrarias. As pessoas me perguntavam quando eu me tornara um autor. Eu dizia que fora em novembro, quando, no fundo do poço, eu me tornara uma tela em branco totalmente disponível a Deus. Escrevi meu melhor trabalho na minha pior fase, quando então decidi me entregar e me abrir para Deus. Meu foco não estava em minha meta, mas em meu Deus: permiti que Ele controlasse o resultado. A fase de renúncia de nossa vida foi básica. Permitiu que nossos propósitos egoístas vazassem e nos preparou para servir ao propósito maior de Deus.

A postura da renúncia nos fornece inúmeras dádivas. Primeiramente e acima de todas as dádivas, o Senhor em pessoa é O nosso presente, pois

Ele nos dá paz, conforto, sabedoria e força na dor. Deus não prometeu ser nosso escudo contra a dor. Ele prometeu estar conosco na dor. Deus foi nossa pausa para tomarmos fôlego. Permitimos que Ele nos curasse e até mesmo nos carregasse enquanto nos restabelecíamos.

A postura da renúncia estabelece os alicerces para descobrirmos as bênçãos escondidas. E é então, no tempo determinado por Ele, que nós agimos.

Postura do controle: receber a dádiva de Deus e transformar o destino através da dor

Certa vez, precisei me submeter a um longo tratamento de fisioterapia, após uma cirurgia dorsal. Eu ainda sentia dores, mas a fisioterapeuta ajudou-me a sair logo da cama, já que precisava fazer uma série de exercícios bem dolorosos. Recordo-me de ter reclamado, alegando que ainda sentia muita dor e preferiria restabelecer-me devagar. Foi quando a fisioterapeuta lançou-me um olhar severo, apesar de afetuoso, dizendo-me: "esta é uma das partes do processo de cura.Vamos, é hora de levantar-se".

Embora possa parecer cruel, porque ainda estava sob o efeito da dor, é preciso considerar que o Senhor nos estimula a agir. Com afeto e profundo amor, o Senhor irá dizer: "já é tempo de levantar-se".

Na postura de controle, somos convidados a transformar nosso destino por meio da dor. Creio que nos são dadas sete dádivas. Elas parecem ocultas porque muitas vezes só vemos a bênção quando é tarde demais. Durante tempos dolorosos, sabemos que essas bênçãos estão em nossos corações e somos convidados a assumir seu controle, mas o esforço é lento, tedioso e sem recompensas imediatas. Quando queremos nos entregar a Deus, Ele nos pede para agir com perseverança.

Na postura de controle, Deus nos pede para andar com fé, mas é difícil, especialmente quando há muita dor. Você pode nem saber onde está indo, mas sabe, em seu coração, que é hora de ir.

Seguir em frente através da dor, em direção a um destino desconhecido, não é tarefa fácil. Antes, você corria da dor. Agora, é hora de seguir com a dor. Seguir na direção do destino que Deus projetou para você. As sete dádivas ocultas não são apenas trivialidades — são promessas.

O otimismo é importante, mas também é preciso ter disciplina e coragem para seguir até onde Deus nos leva. Caminhar com fé e, por vezes, correr com perseverança, é expressão de honra a Deus. Suas ações demonstram sua fé, não apenas em Deus, mas em todos a sua volta. Suas ações durante as provações dolorosas não são apenas para seu benefício. Elas também realizam o plano de Deus e inspiram outras pessoas.

Sete dádivas ocultas da dor

Bênçãos ocultas	Resultados potenciais
1. Dor que nos motiva a buscar Deus	Aproximamo-nos mais de Deus
2. Dor que esclarece nossos motivos	Ganhamos clareza de propósito
3. Dor que nos remodela	Somos preparados para servir a um bem maior
4. Dor que nos define	Nosso caráter reflete Deus
5. Dor que nos ensina o que precisamos	Ganhamos sabedoria e compreensão
6. Dor que torna nossa vida mais rica	Vivemos vida plena ao apreciar Suas dádivas
7. Dor que nos transforma em líderes melhores	Fazemos a diferença e deixamos um legado

1. Dor que nos motiva a buscar Deus

Nunca estive mais motivado a buscar Deus do que quando sentia dor. A motivação não apenas me levou a Deus, mas também deu-me uma vida nova. A dor cria a oportunidade de descobrir Deus e Seu plano para a nossa vida. Muitos se tornaram bem-sucedidos nos negócios por causa de sua corajosa determinação em ter sucesso. Devemos aplicar essa mesma determinação ao buscar a Deus. No livro do Gênesis, Jacó era um vencedor. Ele perseguia as dádivas de Deus persistentemente. Jacó sentia dor, mas estava motivado a receber as bênçãos de Deus. Em Gênesis 32.26, ele exclama corajosamente: "não te deixarei ir, a não ser que me abençoes".

A determinação de Jacó foi recompensada. De impostor egoísta, ele se transformou naquele que buscava Deus e O encontrou.

> *"Como a corça anseia por águas correntes, a minha alma anseia por ti, ó Deus."* (Salmos 42.1)

A palavra de Deus nos diz: "Sem fé é impossível agradar a Deus, pois quem se aproxima dele precisa *crer* que ele existe" (Hebreus

11.6, grifo do autor). Assim como Ele fez por Jacó, Deus vai recompensar a sua persistência.

2. Dor que esclarece nossos motivos

Podemos ser nossos piores inimigos. É tão fácil justificar nossas carreiras e vida com o objetivo do bem e de razões legítimas (ser um bom cidadão na comunidade ou um provedor da família, por exemplo). No entanto, lá no fundo, nossos motivos são menos puros.

> *"Mostra-me, Senhor, os teus caminhos, ensina-me as tuas veredas; guia-me com a tua verdade e ensina-me."*
> (Salmos 25,4.5)

Quando as coisas caminham bem, é fácil negligenciar certas ofensas. A dor tem um jeito de ganhar nossa atenção, de nos bater no rosto e fazer-nos olhar no espelho. Força-nos a confrontar a verdade. Como resultado, dá-nos uma grande oportunidade de esclarecer nossos motivos.

Eu admiro a maneira com que a dor transformou a tomada de decisão de Jay Coughlan. Antes do trágico acidente, ele costumava justificar seus motivos, como machucar o próximo enquanto tentava chegar ao topo de sua profissão. Hoje Jay ainda tem iniciativa e ambição, mas esclareceu os motivos por trás de suas decisões.

3. Dor que nos remodela

Uma vez escutei uma oradora bem-sucedida que tinha uma *persona* corporativa refinada, mas, internamente, ela era arrogante e rude. Escutei-a falando a outros oradores sobre seu sucesso. Ela exclamou: "eu sou dona do mercado bancário". Contava vantagens sobre seu sucesso, domínio e vantagens competitivas.

Nosso ego, nosso poder e sucesso podem atrapalhar nosso destino. Já a dor e as adversidades nos tornam modestos, humildes. Elas "queimam" as impurezas do poder e do ego e nos remodelam para refletirmos sobre as qualidades e o caráter que Deus quer que tenhamos.

Se existem áreas no seu negócio e na sua vida em que você precise ser mais modesto, busque a humildade, mas visando descobrir novos sinais que possam mostrar a direção de um novo destino.

4. Dor que nos define

Um homem que havia sido despedido e estava sem trabalho compartilhou sua história comigo. Foi uma difícil jornada de dois anos. Durante o desemprego, sua filha lutava contra uma desordem alimentar debilitante. Ela observava o próprio pai superando suas dificuldades e isso a motivava a vencer sua desordem alimentar — o que acabou conseguindo. Seu pai, no entanto, não tinha idéia de que servira de exemplo positivo para a própria filha.

Nunca sabemos quem está nos olhando, geralmente minimizamos a influência que exercemos sobre outras pessoas. Tempos de dor e de adversidades são momentos oportunos para influenciar as pessoas em volta. É uma honra ser instrumento do nobre propósito de Deus. Por isso, é preciso aprender a reconhecer a oportunidade que a dor nos apresenta.

5. Dor que nos ensina o que precisamos

Enquanto eu enfrentava um problema de coluna, os médicos me deram duas opções. Poderia tomar injeções de cortisona, que aliviariam temporariamente a dor, disfarçando-a. Ou poderia sentir dor e trabalhar em conjunto com eles para descobrir a causa e a maneira certa de curá-la.

O jeito mais fácil é medicar a dor. Podemos remediar nossa dor com álcool, drogas ou enchendo-nos de tarefas. Ou podemos explorá-la e descobrir o que ela tem a nos ensinar.

Simpatizo com pessoas que têm de lidar com dores crônicas, físicas ou emocionais, e procuram uma maneira de gerenciá-la. Também compreendo que aquilo que precisamos aprender não acontece da noite para o dia. Às vezes, aprendemos muitos anos depois. Também compreendi que muitos buscam na dor a liberdade e a sabedoria de Deus. E ainda assim, não O escutam. Para eles, Deus parece silencioso. E até cruel.

> *"Foi bom para mim ter sido castigado, para que aprendesse os teus decretos."*
> (Salmos 119.71)

Eu respeitosamente encorajo as pessoas a descobrir as lições que se pode tirar da dor. A dor representa a mais significante oportunidade de aprender com Deus. Deus tem Sua própria maneira de ensinar o que é preciso aprender. Não há maneira certa, mas existem várias opções, que variam desde o estudo da Bíblia, orações e aulas, até a simples observações da vida ao redor. Deus se utiliza de muitos meios para nos ensinar. É preciso aprender a se abrir para receber esses ensinamentos, que muitas vezes podem vir em pequenas lições em vez de grandes revelações.

Manter um diário pode ser muito útil. É preciso ser criativo para entender as descobertas. Uma maneira de melhor aproveitá-las é anotando-as em quadros que você pode nomear de "lições aprendidas" ou até mesmo de "análise trimestral". O que funcionar para você é aquilo que você precisa.

6. Dor que torna nossa vida mais rica

Eu vejo grande beleza nos contrastes. Houve um início de março em que eu andava por uma trilha perto de casa. Parecia um filme em preto e branco, pois o chão estava coberto de neve e mal se distinguia do tom acinzentado do céu, assim como também do cinza escuro dos galhos das árvores que margeavam a trilha. De repente, meus olhos fixaram-se em um pássaro vermelho de pé em um galho. O contraste do vermelho vivo e profundo contra o cinza tranquilo compôs um momento de beleza único. A cor do cardeal era enaltecida pelo contraste.

Da mesma maneira, por mais estranho que possa parecer, a dor enriquece a vida. Estou fisicamente livre da dor há cinco anos, mas não há um único dia em que eu não aprecie ter uma vida saudável. A perda de duas crianças me deu um apreço maior pelas outras duas crianças que temos hoje. Quando me sentia desprotegido e sozinho, experimentei um amor por Deus e pelas outras pessoas que jamais tinha sentido. Com a dor, aprendemos a não aceitar tudo como verdadeiro.

Na verdade, desenvolvemos uma percepção aguçada em relação às dádivas que recebemos do Senhor. Muitos perseguem mais e mais superficialidades para seu prazer e felicidade, mas mesmo assim não ficam satisfeitos nem felizes. A dor nos auxilia a apreciar quaisquer dádivas que Deus tenha nos dado. Não é o tamanho da bênção, mas a intensidade de nosso apreço que torna a vida mais alegre. Mesmo que você ainda esteja com dor, uma vida feliz aguarda por você. Agarre-se às dádivas que possui.

7. Dor que nos transforma em líderes melhores

Conheci um operário de chão de fábrica que exercia muito mais influência do que o CEO da empresa. Ao mesmo tempo em que respeito as pessoas que têm ambição de se tornarem líderes, acredito que a liderança não é algo que se busca, mas algo transmitido a nós em confiança, por Deus.

A dor nos prepara para a liderança. Um bom líder tem compaixão pelos outros, porque ele ou ela entendem a dor do insucesso e da perda. Um bom líder tem confiança porque sabe o que é ser humilhado. Um bom líder fornece conforto porque já foi confortado.

Jay Coughlan tornou-se um líder melhor depois de compreender que a meta não é ter uma carreira para seu próprio benefício, mas para servir ao próximo.

Deus nos abençoa através das pessoas e nós abençoamos ao próximo quando ajudamos aos que estão sofrendo. Por que isso é assim? Nossas experiências, particularmente as que envolvem dor, nos dão autoridade. Uma pessoa que nunca passou pelo que você viveu, simplesmente não pode ter o mesmo nível de influência. Sua dor dá autoridade e credibilidade únicas a você.

Conclusão

Encontrei Jay Coughlan pela primeira vez em 2003, cinco anos após seu acidente. Encontrei um homem irradiando vida. Alegria e paixão emanavam naturalmente dele. Jay tornou-se o CEO da Lawson Sotware. Logo ficou claro que ele vê seu papel de maneira bem diferente da de muitos outros CEOs. Enquanto tem a mesma liderança e responsabilidades financeiras, Jay sente grande prazer em compartilhar sua história.

Como a grande maioria de nós, ele é extremamente ocupado, mas arranja tempo para dividir sua experiência da graça de Deus com outras pessoas. Ele fala para amplas e variadas platéias, de associações de motoristas e parentes de vítimas do trânsito a encontros de executivos. Ele se dispõe a ir a qualquer lugar para falar e agradecer ao Senhor.

Lembro-me claramente de nosso primeiro almoço. O que mais me impressionou foi seu apreço pela vida.

> *"Mudaste o meu pranto em dança, a minha veste de lamento em veste de alegria, para que o meu coração cante louvores a ti e não se cale."*
> (Salmos 30,11.12)

Durante a refeição, não passava dez minutos sem que alguém cumprimentasse Jay. Dos empregados, passando pelos parceiros de negócios ao pessoal da manutenção, parecia que todo mundo naquele restaurante passava pela nossa mesa. Parecia que naquela cidade de Saint Paul todo mundo conhecia Jay pessoalmente. Ele cumprimentava cada um e fazia perguntas específicas sobre a vida deles. Fiquei espantado com o conhecimento que Jay tinha da vida daquelas pessoas. Depois do almoço, voltamos caminhando até seu escritório. Parecia que ele conhecia cada um dos 2 mil funcionários, profissional e espiritualmente.

Jay hoje continua levando uma vida de sucessos. Ele não apenas pode experimentar amor, paz e alegria, mas também está vivendo uma vida repleta de significados. Jay está vivendo a plenitude da vida que Deus lhe deu — uma vida transformada pela dor.

Jay descreveu essa transformação: "antes do acidente, eu estava no topo do mundo. Progredia por causa dos esforços que fazia e teria passado por cima de qualquer pessoa para conseguir o que eu queria. Não acho que por isso as pessoas diriam que eu era mau. Com certeza iriam me descrever como um cara legal. Dentro de certa perspectiva humana, nunca fiz nada de errado. Ninguém diria 'Jay não é um cara legal' ou 'Ih! Lá vai satanás andando pela calçada'.

Hoje minha meta é Deus. Onde antes havia ansiedade, hoje tenho paz. Não há paz em um barco, uma casa ou em posses materiais. Não estou desprezando essas coisas, mas não há paz nisso. Ainda me pego tentando controlar minha situação, mas agora tenho uma base sólida e eu a entrego ao Senhor. Permita que sua dor leve você a descobrir Deus e seu propósito, a descobrir o portal para o destino que Deus lhe reservou.

APLICAÇÕES PRÁTICAS

Exercício 1: Perdão

Passo um: Passe algum tempo pensando sobre o perdão.

1. Você fez algo que precise do perdão do Senhor?

2. Alguma vez você culpou Deus pela dor que estava sentindo?
3. Você precisa buscar o perdão de outra pessoa para algo que fez?
4. Você precisa perdoar alguém para seguir em frente?
5. Você precisa perdoar a si mesmo por algo que fez?

Passo dois: Passe algum tempo em oração, refletindo sobre as coisas e as pessoas que você identificou depois de responder às perguntas acima. Se você precisa buscar o perdão de Deus ou de uma pessoa, faça-o agora.

Passo três: Se você identificou alguém a quem precisa pedir perdão, marque um encontro com essa pessoa agora.

Exercício 2: Uma manhã especial de Natal

Imagine que você terá o privilégio de passar uma manhã de Natal com seu Pai Celestial. Você desce correndo para a sala de estar e vê dez presentes sob a árvore de Natal. O Senhor explica que todos os presentes foram cuidadosamente preparados apenas para você. A maioria dos presentes é de amor, paz, alegria, uma vida de significado e até de posses materiais — talvez uma casa ou um carro novo.

Uma vez ou outra, no entanto, uma caixa bem bonita inclui algo que traz dor e tristeza, como a perda de um ser amado ou do emprego ou, ainda, a experiência de um sonho fracassado.

O Senhor pede para que você abra os presentes. Você fica lá parado, hesitante, sem saber o que fazer. O Senhor diz: "todos esses presentes são para você ter uma vida plena, rica e abundante. Não se preocupe com a dor que alguns deles trarão. Eles talvez sejam mais valiosos do que os outros. Eu amo você. Confie em mim porque desejo o melhor para ti".

Pense sobre essa situação por alguns instantes e então responda honestamente às seguintes questões:

1. Como você visualiza essa manhã de Natal?
2. Quais os presentes que você não quer encontrar sob a árvore?
3. Se pudesse, o que você mudaria nesse tipo de Natal?
4. Como você se sentiria em relação aos presentes que trazem dor?
5. Como você poderia aprender a aceitar e apreciar todos os presentes, incluindo os que trazem dor?

GUIA DE DISCUSSÃO

1. De que maneira você evitou a dor?
2. Quando observa seus piores momentos em retrospectiva, quais lições aprende?
3. De que maneira as dores passadas afetam sua vida atual?
   A. De maneira positiva?
   B. De maneira negativa?
4. Que dor está vivendo neste momento?
5. Como a dor afeta sua ambição e/ou a vida profissional?
6. Como a dor o transformou enquanto líder?
7. Numa escala de 1 a 10, em ordem crescente, da pior nota para a melhor, como avalia o jeito com que lida com a dor?
   A. Em que área está em paz?
   B. Em quais áreas ainda se debate?
8. Por que acredita que o Senhor quer que renuncie por ele?
9. Por que acredita que Deus quer que assuma o controle?
10. Reveja as sete dádivas ocultas. Descubra três com as quais você mais se identifica.
11. Para qual tipo de destino sua dor está abrindo um novo portal?

CAPÍTULO 3

Vencer a escravidão financeira

Alguns meses após a publicação de *Deus é meu CEO*, recebi um e-mail de um executivo, que contou uma história bem comum de escravidão e sujeição a metas de chegada.

Larry,

Duas semanas atrás, adquiri seu livro Deus é meu CEO, que me deixou bastante agradecido e inspirado. Deixe-me explicar.

Tenho 41 anos e trabalho como autônomo. Há alguns meses venho me questionando sobre o fato de ter passado 20 anos correndo atrás de dinheiro, perguntando-me para quê? Como pequeno empresário, sofro muitas exigências e pressão para 'fazer a coisa certa', às vezes em níveis insuportáveis. Não é raro eu chegar ao escritório às 7h e só sair às 20h. Essa é a vida que tenho vivido por duas décadas.

> *"Dinheiro é um ótimo servo, mas um mestre perigoso."*
> (Dominique Bouhours)

Dois anos atrás, meu filho estava se formando no 2º grau. No dia de sua formatura, passamos um tempo juntos porque eu sabia que as coisas iam mudar quando ele fosse para a faculdade. Durante uma conversa, ele me disse: 'pai, eu só queria que você pudesse ter passado mais tempo comigo, mas você estava sempre ocupado'. O comentário me machucou tanto e teve tamanho impacto sobre mim que jurei que ia mudar meu relacionamento com minha filha mais jovem. Infelizmente, por causa dos compromissos de trabalho, eu jamais mudei. Até agora.

Há um ano meus negócios pioraram. Parecia que quanto mais me empenhava, mais as coisas ficavam piores. E eu não conseguia descobrir o por quê. A combinação de decisões ruins e prioridades erradas quase acabou com meu negócio. Eu continuava lutando, tentando resolver tudo sozinho — mas sem sucesso.

Finalmente, comecei a pensar sobre o que estava fazendo com a minha vida. Perseguindo dinheiro?! Seu livro me ajudou a compreender que executivos bem-sucedidos precisam ter prioridades para poder lidar com a pressão dos negócios. Muito obrigado. Você deu exemplo de indivíduos que fazem as coisas do jeito certo e estão sendo bem-sucedidos.

Estou agora no processo de reordenar minha vida e reorganizar meus negócios para honrar a Deus, mas tenho de dizer uma coisa: isso não é fácil. Pode ser a mais dura prova espiritual pela qual jamais passei. No entanto, estou comprometido em permitir que Deus atue com seus propósitos para minha vida. Sinto-me como se tivesse desperdiçado 40 anos, quero que o resto desta vida seja para Ele.

Obrigado pelo maravilhoso livro e obrigado por encorajar homens de negócios que, como eu, estão em busca de uma vida verdadeira. Que possa Deus lhes cobrir de bênçãos.

Eu pude compreender tão bem esse leitor. Ele representa tantos homens de negócios que procuram viver uma vida com sentido, mas que ainda assim tornam-se presas da caça ao dinheiro.

Sei o que é ver anos e anos se passando e sentir que desperdiçou uma vida inteira. Nos primeiros 37 anos de minha vida, a linha de chegada era a de meu Deus. Recordo-me de pensamentos similares aos de meu amigo quando perdi o emprego. Dei minha vida para uma empresa, trabalhando de 60 a 75 horas por semana, para gerar lucros e dividendos, e o que tive em troca de tanto sacrifício? Com certeza, uma boa contribuição para o fracasso do meu casamento, contas atrasadas e uma dor lombar crônica.

Acreditei que estivesse construindo um futuro melhor. Infelizmente, minha energia mal aplicada estava *destruindo* meu futuro. Escravidão financeira é uma armadilha muito cruel — ainda que sutil. Não apenas a caça ao dinheiro me tornou um escravo, como, na verdade, eu sempre tinha uma justificativa pronta para aquela busca frenética. Hoje, revendo tudo, ter sido demitido foi uma bênção disfarçada. Conduziu-me ao caminho para encontrar a verdade que me libertou do cativeiro da cobrança sem fim das metas de chegada.

PROBLEMA: SER ESCRAVO DO DINHEIRO

O dinheiro viabiliza iniciativas valiosas para o progresso da sociedade e da qualidade de vida. Fomenta a educação e a pesquisa médica, fornece alimentos para pobres do mundo inteiro e leva progresso às comunidades. Sob nosso próprio teto, riqueza pessoal pode facilitar nossa vida. Dinheiro supre necessidades básicas e outras não tão básicas. Quando usado sabiamente, de maneira a honrar a Deus, o dinheiro é um bom servo.

Por outro lado, dinheiro também é um mestre perigoso. No momento em que permitimos que nossa relação com o dinheiro seja prioridade, acima mesmo da nossa relação com Deus, saímos da liberdade para a escravidão. O perigo tem sutilezas. Para pessoas de negócios, o que começa como uma busca nobre — ser um bom provedor para a família, por exemplo — logo se torna uma armadilha difícil de escapar. A busca pelo ganho financeiro pode sacrificar o casamento e o convício com os filhos.

O desejo de progredir rapidamente também pode assumir ares de uma batalha política com os colegas de trabalho, terminando por ferir pessoas. Com o tempo, nos tornamos escravos das urgentes demandas dos negócios. E assim, antes que se perceba, passamos a mentir para nós mesmos: "não posso chegar cedo em casa porque preciso ganhar dinheiro extra para o bem da minha família", "me sinto preso a um trabalho sem-saída, mas tenho medo de deixá-lo porque não posso me arriscar a ficar desempregado" e assim por diante.

Com o tempo, nos tornamos presas da escravidão financeira, que é algo bem parecido com a imagem de um cachorro perseguindo o próprio rabo: você gasta toda a sua energia andando em círculos. A busca pelo sucesso financeiro põe em movimento muita energia e não raro uma ambição cega em direção a uma meta exclusivamente monetária.

Trabalhamos duro, sacrificamos nossa vida, às vezes a custas da saúde mental e física. Vivemos a ansiedade de ter "o lobo sempre à porta". Olhamos constantemente por cima do ombro, fugindo das metas de chegada prontas a nos devorar. Caçamos dinheiro. Mas, na verdade, nós é que estamos sendo caçados. A armadilha é a mesma. Desperdiçamos nossa vida do presente porque acreditamos que haverá uma melhor no amanhã.

Os Hillman experimentou tudo isso, toda a sutileza da escravidão financeira. Sua história prova que mesmo os mais talentosos e bem-intencionados cristãos são cativados por ela.

A caminho da liberdade financeira: Os Hillman

Os Hillman poderia ser capa de uma famosa revista cristã. Ao longo de 14 anos, ergueu uma agência de propaganda muito bem-sucedida, em Atlanta, nos Estados Unidos, atendendo empresas de alto padrão. Admirável, porém, era o fato de ele sempre doar mais de 10 por cento da sua receita para sua paróquia.

No ano de 1994, a família Hillman vivia uma vida boa: possuía uma linda casa em um condomínio com campo de golfe e tinha dinheiro suficiente para que Os se aposentasse aos 44 anos. Foi quando, em apenas três meses, tudo desmoronou.

"Um belo dia, minha esposa anunciou que queria me deixar. Em semanas, perdi cerca de 500 mil dólares em investimentos. Em seguida, meu maior cliente, responsável por 80% da receita da agência, nos dispensou sem nenhuma razão. Pouco depois, nosso vice-presidente saiu e levou com ele nossa segunda maior conta. Fiquei devastado", conta Os. "Fiquei tão furioso com Deus. Afinal, tinha sido um bom marido, sempre presente; ajudara a igreja e era assim que Deus me recompensava?".

O que, porém, estava ruim iria piorar. Os prejuízos financeiros viraram uma bola de neve. "Era como estar num barco com quinze buracos e três *band-aids*. Sentia como se o mundo estivesse contra mim".

Em 1997, depois de lutar com todas as forças para manter seu casamento e sua agência, Os levou um nocaute. "Perdi tudo. Restaram apenas mil dólares em uma conta onde já houvera 300 mil dólares. Minha esposa pediu o divórcio, mas eu ainda acreditava na nossa reconciliação. Até saber de algumas de suas atividades. Eu então perdi o controle de tudo. Não podia controlar o comportamento de minha esposa, não controlava o cliente que me abandonou e nem mesmo a fraude que feriu a saúde de meus investimentos".

O longo período de dor e sofrimento foi extremo e difícil, mas ainda assim transformador. Os nos conta: "Chorei muito. Estava muito deprimido e desencorajado, porque não vislumbrava progresso nem reviravoltas. No entanto, ao mesmo tempo, eu insistia na fé em Deus. Sabia que sairia tanto vítima quanto vencedor naquela situação, e sabia também que o único jeito era descobrir mais sobre os propósitos de Deus em tudo aquilo".

Os lia a Bíblia e freqüentava seminários, até que Deus começou a curar seu coração. E a motivação mudou da dor para o amor. "Experimentei uma genuína intimidade com Deus. Estava motivado em conhecê-Lo melhor". Ele acabou por descobrir facetas muito importantes sobre si mesmo durante seu tempo de buscas. Descobriu as raízes de sua luta pessoal e financeira e a verdade mudou a direção de sua vida. Em sua infância, por exemplo, ele descobriu que a morte súbita de seu pai terminou por fazer dele, no futuro, um *workaholic*. "Tornei-me um controlador porque temia que as pessoas a minha volta falhassem comigo".

No final de 1997, Os começou a escrever seus pensamentos em um diário. Todas as manhãs, por nove meses, escrevia mensagens que enviava a amigos. E descobriu que, quando não os enviava, os amigos reclamavam.

A sugestão de um conhecido para que criasse um site de mensagens como aquelas foi reveladora. Hoje, o site criado por Os tem mais de 100 mil assinantes em todo o mundo. Deus restaurou a vida de Os.

Em breve, Os passou a dirigir um movimento de Fé e Trabalho, casou-se de novo e fez descobertas significativas sobre o que o escravizara no passado. Hoje ele diz que não se preocupa mais com dinheiro e não é mais controlador como era. Ele criou um ministério religioso baseado na fé, para ajudar pessoas a integrarem fé com trabalho, totalmente mantido por doações. "Consegui remover o medo e a insegurança em relação às minhas finanças, ao ponto de não me preocupar mais com dinheiro".

Outra confirmação de que Os mudou veio em maio de 2002, quando organizou uma conferência internacional para reunir os líderes dos ministros religiosos. Arriscou seu tempo, dinheiro e esforços.

Tive o privilégio de comparecer à conferência, mas nada me tocou mais do que a sessão matinal de encerramento. Angie, a nova esposa de Os, estava ocupada em outra sala, preparando o encerramento. Um atendente da conferência pegou o microfone e agradeceu a Os, Angie e a todas as pessoas que trabalharam para fazer da conferência uma realidade.

Então, o rapaz explicou que ele estava ciente de que Os iria perder dinheiro com o evento e que qualquer contribuição espontânea seria bem-vinda. Em poucos minutos, testemunhei uma platéia de 125 pessoas deixarem seu amor fluir em uma cesta. Como uma cornucópia de frutas, a cesta foi passada de mão em mão até o palco. O cavalheiro que deu início às contribuições passou a cesta a Os, que caiu em lágrimas juntamente com sua esposa.

Jesus uma vez disse: "você conhece um homem pelos seus frutos". Eu vi Os experimentar a liberdade da decisão de abrir mão do controle por Deus. Sua alegria não vinha do dinheiro, mas dos presentes de Deus. Ele se sentia finalmente livre. Não mais dominado pela escravidão financeira, mas vivendo a nova vida bem-sucedida que Deus lhe deu.

Objetivo de suas ações

Existe sempre algum motivo que estimula as pessoas a agir de determinada maneira: são seus objetivos pessoais.

Ao se questionar sobre quais são seus motivos para ganhar dinheiro, o que significa dinheiro para você, a que propósito ele serve em sua vida e assim por diante, você terá revelações sobre suas ações e decisões. Dinheiro não é o problema. Por si só, é uma forma de troca. Nossa falta de confiança no Deus todo-poderoso que é o problema.

A maioria das pessoas acredita que dinheiro é necessário para ter segurança, poder, auto-estima preservada e felicidade. Na essência, dinheiro é o meio para esse fim. No entanto, isso é exatamente o oposto do que Deus quer de nós. Deus quer que confiemos Nele para ter segurança, poder, alegria e a auto-estima preservada.

Número um

Escolher entre servir a Deus e ao dinheiro é um dos pontos-chave da fé. Essa escolha determina qual estrela servirá de guia para o caminho a seguir. Nessa trilha, quem será o número um: você ou Deus? Saber em quem você depositará sua confiança o ajuda a desvendar suas próprias crenças sobre o dinheiro.

Confiar em você	Confiar em Deus
Sou o único provedor das necessidades da minha família.	Minha parceria com Deus proverá as necessidades da minha família.
Minha identidade se baseia em meu dinheiro, status e posses.	Minha identidade está em Cristo.
Minha felicidade vem das minhas posses.	Minha alegria vem da minha relação com Deus.
Dinheiro cria poder.	O poder vem de Deus.
Eu estou no controle.	Deus está no controle.
Eu crio minha fortuna.	Minha fortuna é uma dádiva de Deus.

Escravidão financeira não tem nada a ver com acúmulo ou falta de dinheiro. Ela resulta de nossos objetivos. Escravidão financeira é um crime. Ela nos rouba preciosos bens como o tempo, a energia e uma vida plena de alegria, enquanto Deus nos convida a viver em liberdade. Descubra os verdadeiros motivos por trás das suas decisões financeiras e permita que sua parceria com Deus coloque você na estrada da liberdade financeira.

SOLUÇÃO: DESCOBRIR A LIBERDADE FINANCEIRA

Se você acreditasse que Deus iria prover todas as suas necessidades, como seria sua vida? Nossa parceria com Deus nos supre com paz, contentamento, realizações e satisfações — tudo isso sem sermos controlados. O que precisamos fazer é apenas confiar Nele e em Sua palavra. Quando aceitarmos as promessas de Deus, estaremos livres para viver sem ter que nos preocupar em correr atrás do dinheiro. É claro que continuaremos a enfrentar nossas obrigações financeiras e profissionais diárias, mas não estaremos sós. Deus estará conosco e ele nos abençoará com as dádivas que necessitamos para termos sucesso.

Liberdade financeira significa viver uma vida plena e rica em paz, amor e alegria sem nos preocuparmos com a próxima conta a ser paga. Liberdade financeira significa apreciar o que temos em vez de reclamar daquilo que não possuímos. Significa saber que a qualidade de vida não tem nada a ver com a quantidade de posses; que sou livre para escolher minha carreira, determinar o equilíbrio entre trabalho e família e desfrutar de um estilo de vida condizente com minhas possibilidades financeiras. Significa ainda que meu trabalho é uma forma de culto que expresso por meio da minha interação com o próximo, da excelência do meu ofício e da maneira que conduzo meus negócios.

> *"E quando Deus concede riquezas e bens a alguém e o capacita a desfrutá-los, a aceitar a sua sorte e a ser feliz em seu trabalho, isso é um presente de Deus."*
> (Eclesiastes 5.19)

Ao vivenciar a liberdade financeira, posso escolher fazer a coisa certa independentemente das conseqüências financeiras, como perder dinheiro ou até mesmo ser despedido. Liberdade financeira significa que posso me tornar o que Deus projetou para mim e realizar o potencial recebido dele para minha vida e negócios.

Liberdade financeira não tem nada a ver com a quantia de dinheiro e de bens que possuo, desde que eu possa desfrutar de uma vida repleta de alegria, e não importa se com a conta bancária no vermelho ou recheada de milhões de dólares. A liberdade financeira me permite seguir minhas ambições sem me preocupar em falhar. Significa viver hoje sem ter que me preocupar com o amanhã; significa respeitar os prazos, mas não deixar que eles governem minha vida, pois aceito o ritmo que Deus me deu para acertar o ritmo de minha vida.

Com liberdade financeira, a minha auto-estima se baseia em quem eu sou aos olhos de Deus e não em meu *status* ou posses. Significa que estou contente com quem sou e onde estou. Com ela, conduzo minha vida e meus negócios com senso de paz e segurança, sabendo que de um jeito ou de outro, Deus irá suprir todas as minhas necessidades. Eu passo a compreender meu papel na parceria com o Senhor: serei um bom administrador das dádivas entregues a mim.

A liberdade financeira me torna responsável e permite que eu tome decisões financeiras sábias de acordo com a vontade de Deus. Com liberdade financeira, confio no Senhor além do meu controle.

Como ter liberdade financeira no mundo real

Tenho consciência de que no papel tudo isso parece muito fácil. Milhões de pessoas vivem de salário, elas adorariam ter um pouco de paz, mas se estressam tentando pagar suas contas mensais. Muitos querem seguir suas ambições, mas sentem que não podem, pois têm que sustentar suas famílias. Muitos querem honrar a Deus e fazer a coisa certa, mas as conseqüências financeiras são muito arriscadas.

Dilemas da vida real apresentam-se todos os dias e tomar a decisão correta é sempre um grande desafio.

Vamos imaginar que Roberto está desempregado e seu dinheiro está acabando. Ele busca fazer a escolha correta, mas sente-se pressionado para conseguir logo um emprego. Por um lado, Roberto quer um tempo para procurar a colocação que tanto deseja; por outro, ele precisa sustentar sua família. Qual a coisa certa a fazer?

Susan é a CEO de uma grande companhia que atravessou péssimos trimestres. Ela terá de enfrentar a difícil decisão de dispensar ou não funcionários leais à empresa, visando estabilizá-la. Qual o equilíbrio correto entre pessoas e lucro?

Você trabalha para uma empresa que não tem ética e sente que seus valores estão comprometidos. Você quer trabalhar para uma empresa que permite a você viver sua fé e seus valores, mas sente-se preso. Seu trabalho paga suas contas e não faz sentido desligar-se para procurar por outro emprego. O que você deve fazer?

Acredito que a maioria dos seguidores de Deus deseja atender à vontade do Senhor, mas vive em conflito com as metas de chegada. De um lado, está a nobre resposta ao chamado de Deus; de outro, a necessidade básica de obter dinheiro para a vida diária. Como saber se estou seguindo a Deus ou aos meus desejos egoístas? Como equilibro minhas obrigações financeiras com minhas paixões e ambições?

Gostaria que houvesse uma fórmula ou uma resposta simples. Tudo se resume em chegar a um lugar onde você sabe que seus motivos estão alinhados com a vontade de Deus. Recomendo rever as posturas do dar-e-receber em nossa parceria com o Senhor.

Postura da renúncia: troque as posses por algo melhor

Um dia, almocei com um empresário, um grande amigo a quem admiro muito. Ele é um dos pilares da comunidade de Minneapolis, um maravilhoso homem de Deus, muito íntegro, além de muito rico e influente. Falávamos sobre liberdade financeira e, de repente, ele fez alusão à parábola do jovem e rico administrador:

> "Certo homem importante lhe perguntou: 'Bom mestre, que farei para herdar a vida eterna?'
>
> 'Por que você me chama bom?' respondeu Jesus. 'Não há ninguém que seja bom, a não ser somente Deus. Você conhece os mandamentos: Não adulterarás, não matarás, não furtarás, não darás falso testemunho, honra teu pai e tua mãe'.
>
> "A tudo isso tenho obedecido desde a adolescência", disse ele. Ao ouvir isso, disse-lhe Jesus: "Falta-lhe ainda uma coisa. Venda tudo o que você possui e dê o dinheiros aos pobres, e você terá um tesouro nos céus. Depois venha e siga-me". Ouvindo isso, ele ficou triste, porque era muito rico. Vendo-o entristecido, Jesus disse: "Como é difícil aos ricos entrar no Reino de Deus! De fato, é mais fácil passar um camelo pelo fundo de uma agulha do que um rico entrar no Reino de Deus".
>
> (Lucas 18.18-25)

Meu amigo pensou em voz alta: "Entendo a mensagem. Mas isso não significa realmente desistir de tudo, significa?" Meu amigo captara a mensagem: nossa identidade, segurança e felicidade vêm de Deus, não de riquezas e propriedades. Mesmo assim, a história do administrador jovem atinge em cheio o coração de nossa identidade e segurança. A vida de meu amigo é construída sobre a reputação da família, do poder e da riqueza. Seria impossível para ele realmente abdicar de toda essa riqueza para seguir Cristo. Até parece injusto. Comecei então a pensar como aquela parábola aplicava-se à minha vida.

Para ser honesto, se Jesus estivesse na minha frente hoje e dissesse, "venda tudo o que tem e reparta-o com os pobres", não sei se o faria. Admiro imensamente Madre Teresa de Calcutá, mas não imagino viver como ela. Enquanto me lançava esse desafio, comecei a ficar agitado. E pensei: "isso é injusto! Amo o Senhor e quero segui-Lo, mas o que Ele me pede é impossível!".

Enquanto relia a parábola, não gostei muito de como Jesus comunicava-se com o administrador. Jesus não parecia amável e nem entendia a posição do jovem. Afinal, o jovem era um bom homem. Mantinha-se longe de confusões e parecia um líder de boas intenções. Jesus poderia ter sido menos duro. Parecia que Ele desprezava os ricos, os talentosos e bem-sucedidos.

Enquanto brigava com a parábola, recebi um telefonema de outro amigo, Ward Brehm. Na conversa com Ward, percebi que meu ponto de vista estava equivocado. Jesus não deseja que renunciemos a tudo; Ele é tudo de que precisamos.

Ward Brehm é um alto executivo de Minneapolis. Como Os, ele também possui uma família maravilhosa, bons negócios e boa saúde. Mas estava inquieto e insatisfeito com sua vida. Ward queria algo mais. E um encontro poderoso com Deus aconteceu durante sua segunda viagem à África.

Durante a viagem anterior, um dos membros da excursão deu um pacote de doces a uma menininha. Quando Ward retornou, dois anos depois, reencontrou a menina. E se espantou ao ver as mãos dela unidas, mostrando-lhe o mesmo pacote de doces. Ele então entendeu que o doce era a única coisa que ela possuía. Naquele exato momento, teve uma visão de sua própria (e abundante) vida.

Uma pergunta mexeu com seu coração: o que significa ter nada? Durante seus anos na África, passou a compreender a vida daquelas pessoas em um remoto vilarejo no nordeste do Quênia, gente que conhecia a palavra sagrada.

Aquelas pessoas viviam em uma pobreza desconhecida pelo homem comum. Suas necessidades eram imensas, além de viverem em constante perigo. Apesar de não terem uma "rede de proteção" como a dos artistas de circo, eles viviam em um incrível estado de paz interior. E Ward logo descobriu por quê. E ele refletiu: "eles precisam de Deus para tudo! A simples existência dessas pessoas dependia do tempo, da saúde de seu gado, de superar doenças normais e curáveis — tudo!".

Ao contrário deles, muitos executivos bem-sucedidos têm tudo, então por que precisariam de Deus? Ele percebeu que muitos não precisam da providência de Deus, o que vai ao encontro do que Jesus dizia ao rico administrador da parábola. Quem é o verdadeiro provedor da vida? Quem é o verdadeiro provedor da paz, do contentamento e da felicidade? Você ou Deus?

Quando Jesus disse que era difícil aos ricos entrar no Reino de Deus, Ele se referia ao fato da dependência dessas pessoas em relação à própria fortuna, poder e posses. Como resultado, eles investem uma vida inteira tentando alimentar o deus insaciável do dinheiro, em vez de se satisfazerem com as dádivas de paz e contentamento com que Deus nos abençoa.

Jesus nos ama muito e não quer que sejamos presas de um falso senso de segurança que vem do dinheiro, do poder e das realizações. Jesus é áspero na parábola porque Ele precisa ressaltar isso aos nossos olhos. Os encantos do dinheiro e do poder são muito sutis. Desistir de nossas posses parece absurdo. Racionalmente até entendemos esse conceito, mas no fundo não conseguimos abrir mão de coisas às quais nos apegamos tanto. Por isso, encontramos maneiras de seguir Deus e ao mesmo tempo manter nossas posses para o caso de necessidades. É da natureza humana, corrompida, querer ter "o queijo e a faca na mão".

Encontramos as mais diferentes maneiras para mascarar nossos reais motivos e justificar o desejo de comprar, por exemplo, um carro zero, alegando buscar "mais facilidades para minha família". Racionalizamos nossas intenções para favorecer nossa carreira: "é preciso sustentar a família". Comprometemos nossos valores morais para nos encaixarmos melhor na empresa. E usamos o sucesso profissional para corroborar nossos valores. Mesmo nossa fé no Senhor pode se tornar uma armadilha à medida que construímos nossa riqueza fazendo coisas ***por*** Deus, em vez de fazer ***com*** Ele.

Aqui está a linha de chegada: temos na mão a chave para a liberdade financeira, mas preferimos justificar nosso cativeiro. Enquanto racionalizamos a necessidade de estar no controle, o dinheiro será sempre nosso mestre. Nunca experimentaremos a paz e o júbilo que vêm com a confiança total no Senhor.

No mundo dos negócios, tornamo-nos adeptos das justificativas para nossas ações e metas. Somos tão bons nisso que até enganamos a nós mesmos. Mas não conseguimos enganar ao Deus todo-poderoso. Ele sabe-tudo. Melhor ainda: Ele nos conhece melhor do que nós mesmos. Ele vê o que é melhor para nós; nós não.

Postura da renúncia: use suas dádivas sabiamente

Há alguns meses, prestei consultoria a um empresário que transferia os negócios da família para o filho. Ele construíra uma empresa de ótima reputação. Tinha uma missão que honrava a Deus, fornecia um ótimo atendimento aos clientes e contribuía com a comunidade. Infelizmente, seu filho começou a tomar decisões prejudiciais à companhia, já que estava mais focado em fazer dinheiro do que perpetuar aquela cultura empresarial e suas tradições.

Assim, suas decisões afetaram diretamente os clientes e a comunidade. O pai ficou aflito em ver o negócio que construíra ao longo da vida de repente ser destruído daquela maneira. Ele não estava preocupado apenas com o filho, mas também com as pessoas afetadas pelos desmandos do filho. Embora muito dolorosa, sua decisão foi despedir o próprio filho e procurar outro profissional em quem pudesse confiar para dirigir seus negócios.

Enquanto a postura da renúncia ajuda-nos a compreender que tudo o que temos é uma dádiva de Deus, a postura de controle nos faz descobrir como utilizar nossas dádivas sabiamente. Deus é claro em Suas expectativas quando lidamos com o dinheiro. Ele não está procurando por dotes, dons, habilidades financeiras. Ele quer saber de nossos motivos.

Algumas pessoas são ambiciosas, outras têm talentos e habilidades, mas não querem se esforçar. Por isso, é sempre bom perguntar a si próprio: "o que estou fazendo com minhas dádivas de talento, tempo e recursos? Estou utilizando sabiamente meus dons? Ou será que a busca pelo dinheiro me tirou do caminho certo?"

Tolices do Rei Salomão

O Rei Salomão é um dos grandes exemplos bíblicos de um líder de negócios que tinha ótimas intenções, mas se perdeu ao longo do caminho. Embora ele seja comparado a executivos ricos, talentosos e ativos do mundo atual, as lições de sua vida se aplicam a cada um de nós.

Salomão atingiu o topo da riqueza, do poder e do talento. Espiritualmente, foi abençoado por Deus para ser o homem mais sábio da Terra.

O Rei Salomão iniciou seu reinado com o pé direito. Orou a Deus por sabedoria, pois assim poderia discernir entre o certo e o errado e levar muitos ao caminho da honra ao Senhor Deus. Salomão pediu sabedoria para servir a

Deus em vez de dinheiro. Por causa desse pedido, o Senhor ficou satisfeito e lhe deu não apenas sabedoria, mas também riqueza e honra. (1Reis 3.7-13).

Durante seu reinado, Salomão fez muitas realizações, acumulando grande fortuna e fama (1Reis 10.23,24). Pessoas do mundo inteiro ansiavam por uma audiência com Salomão para ouvir a sabedoria que Deus havia colocado em seu coração. Mesmo sendo tão sábio como Salomão era, ele ainda era humano. Salomão tinha uma fraqueza. Ele amava as mulheres, mulheres estrangeiras em especial, e elas o introduziram no culto a outros deuses (1Reis 11.4). Enquanto envelhecia, seu coração começou a servir a outros deuses.

Em 1 Reis 11.4, contam-nos: "seu coração já não era totalmente dedicado ao SENHOR". Como homem mais sábio, rico e poderoso do planeta, ele acreditava que todas as suas ações eram de alguma forma aceitas por Deus. Foi essa mudança sutil de pensamento que o conduziu à sua própria queda.

A primeira vez que li o livro de Eclesiastes, desconfiei do que lia, mas um olhar mais esmerado e observador, no entanto, esclareceu-me alguns pontos. Daquelas palavras vinham um claro sinal de aviso para o ambicioso executivo dos dias atuais, como também um aviso prático para superarmos a escravidão financeira.

> "Lancei-me a grandes projetos: construí casas e plantei vinhas para mim. Fiz jardins e pomares e neles plantei todo tipo de árvore frutífera. Construí também reservatórios para irrigar os meus bosques verdejantes. Comprei escravos e escravas e tive escravos que nasceram em minha casa. Além disso, tive também mais bois e ovelhas do que todos os que viveram antes de mim em Jerusalém. Ajuntei para mim prata e ouro, tesouros de reis e províncias. Servi-me de cantores e cantoras, e também de um harém, as delícias dos homens. Tornei-me mais famoso e poderoso do que todos os que viveram em Jerusalém antes de mim, conservando comigo a minha sabedoria.

Não me neguei nada
  que os meus olhos desejaram;
não me recusei a dar prazer algum
  ao meu coração.
Na verdade, eu me alegrei
  em todo o meu trabalho;
essa foi a recompensa

de todo o meu esforço.
Contudo, quando avaliei
tudo o que as minhas mãos
haviam feito
e o trabalho que eu tanto me esforçara
para realizar,
percebi que tudo foi inútil,
foi correr atrás do vento;
não há nenhum proveito
no que se faz debaixo do sol."

(Eclesiastes 2.4-11)

Como a sociedade bem define, Salomão foi um exemplo típico de sucesso. Tinha riqueza, fama, poder e prazer. Mas ao avaliar sua vida, queixou-se de que ela era sem sentido. Nessa passagem, mais adiante, Salomão se utiliza da analogia do cão perseguindo a própria cauda, um círculo vicioso. Ele fez duas declarações com as quais os executivos irritados deste século podem muito bem identificar-se.

> "Que proveito tem um homem de todo o esforço e de toda a ansiedade com que trabalha debaixo do sol? Durante toda a sua vida, seu trabalho é pura dor e tristeza; mesmo à noite a sua mente não descansa. Isso também é absurdo."
>
> (Eclesiastes 2.22,23)

> "Quem ama o dinheiro jamais terá o suficiente; quem ama as riquezas jamais ficará satisfeito com os seus rendimentos. Isso também não faz sentido."
>
> (Eclesiastes 5.10)

Salomão sabia o que era trabalhar para dois mestres. Falava como alguém que começou com nobres intenções, mas que se tornou presa de seu próprio talento e poder. No fim, a sabedoria de Deus estava com ele quando tentava descrever o verdadeiro significado da vida.

> "Assim, descobri que, para o homem, o melhor e o que mais vale a pena é comer, beber e desfrutar o resultado de todo o esforço que se

> faz debaixo do sol durante os poucos dias de vida que Deus lhe dá, pois essa é a sua recompensa. E quando Deus concede riquezas e bens a alguém e o capacita a desfrutá-los, a aceitar a sua sorte e a ser feliz em seu trabalho, isso é um presente de Deus."
>
> (Eclesiastes 5.18,19)

A mensagem de Salomão pode ser resumida nas primeiras palavras que escreveu para o Salmo 127: "Se não for o SENHOR o construtor da casa, será inútil trabalhar na construção" (Salmo 127).

Qualquer trabalho sem Deus é inútil, é como perseguir o vento. Se o amor ao dinheiro, posses ou realizações for seu mestre, você estará sempre correndo em círculos e insatisfeito. Nunca nada será suficiente. Por outro lado, o trabalho baseado nos princípios de Deus tem significância e propósito e atenderá sua satisfação pessoal. No final, todas as coisas boas que você recebe é uma dádiva de Deus.

Conclusão

Estarão as dádivas de Deus — concedidas em dinheiro, tempo, talento e recursos — servindo a seus propósitos, ou já começaram a mandar em você? A resposta está onde você coloca sua confiança. Você confia que Deus irá suprir todas as suas necessidades ou confia apenas em você mesmo?

Quando você conta apenas consigo mesmo, nunca é suficiente. Quando confia em Deus, tudo que você recebe é um dom — isso é suficiente. Deus irá suprir as suas necessidades, os recursos de que você necessita. Compreendendo e apreciando essa verdade você terá a liberdade financeira que Ele deseja que você tenha.

Eu tenho um amigo, Lon, cujo pequeno negócio estava passando por significativas mudanças. Em quatro anos, as vendas que antes chegavam a 75 por cento caíram para apenas 20 por cento. Após um período de orações, Lon decidiu aproveitar "a oportunidade", para começar um tipo de ministério que ele sentia que Deus havia colocado em seu coração.

Assim, Lon nunca estivera tão contente. Passou a fazer o que realmente queria fazer e descobriu que seu novo trabalho era muito mais *recompensador*. O aspecto negativo? Sua renda caiu consideravelmente.

A longo prazo, Lon não tinha mais certeza se suas economias seriam suficientes para manter sua família. Sabia que estava certo naquilo que Deus pedira para ele ser — e ele escolheu continuar confiando no Senhor. Alguns meses depois, Lon assinou um longo contrato dentro de sua nova especialidade.

Quando você renuncia e confia a Deus sua segurança, assumindo o controle dos dons concedidos por Ele, sua recompensa é a segurança e uma vida próspera. Liberdade financeira é apenas isso — liberdade.

APLICAÇÕES PRÁTICAS

Exercício: Liberdade financeira ou escravidão

Passo um: Para começar a encontrar respostas para seus dilemas práticos em relação ao dinheiro, é preciso explorar e avaliar o que o dinheiro significa para você. Quanto mais claramente você identificar seus motivos e crenças, mais bem equipado ficará para resolver seus dilemas financeiros. Leia cada uma das declarações a seguir. Determine se você concorda com a afirmação, discorda ou não tem certeza.

	Concorda	Discorda	Não tem certeza
Posso escolher fazer a coisa certa independentemente das conseqüências financeiras, inclusive ter prejuízos ou ser despedido.	________	________	________
Posso me tornar o que Deus projetou para mim e realizar o potencial entregue a mim por Ele no trabalho e na vida.	________	________	________
Posso experimentar uma vida cheia de alegria sem nenhum tostão no bolso tanto quanto com milhões na conta bancária.	________	________	________
Posso responder ao meu chamado sem me preocupar com o fracasso.	________	________	________

Posso viver hoje sem me preocupar com o amanhã. ________ ________ ________

Respeito prazos, mas não deixarei que governem minha vida, pois confio na escolha adequada de Deus. ________ ________ ________

Para acertar o ritmo da minha vida, posso me contentar em estar aonde estou, sem aspirar por algo mais. ________ ________ ________

Aceitei com gratidão que minhas futuras ações financeiras possam ser um completo fracasso ou um tremendo sucesso. ________ ________ ________

Minha auto-estima baseia-se em quem sou eu aos olhos de Deus, não em minhas posses ou *status*. ________ ________ ________

Estou satisfeito com quem sou e onde estou. ________ ________ ________

Conduzo minha vida e meu trabalho com um senso de certeza e de paz, consciente de que de um jeito ou de outro Deus vai suprir cada uma de minhas necessidades. ________ ________ ________

Sou um grande administrador dos dons que Deus me deu. ________ ________ ________

Sou responsável, tomo decisões financeiras sábias, condizentes com a vontade de Deus, e confio no Senhor em todas as circunstâncias além do meu controle. ________ ________ ________

Passo dois: Pense a respeito das questões a seguir e responda:

- Satisfação *versus* Realizações – Em qual das duas opções você foca mais seus pensamentos? Você está satisfeito e aprecia aquilo que tem? O que você faz mais: aprecia o que tem ou procura alcançar aquilo que não tem?

- Fé *versus* Medo – O que mais motiva suas decisões de negócios: a fé nos planos de Deus ou o medo de não cumprir suas metas e perder seu status e/ou posses?
- Propósitos *versus* Lucros – O que mais dirige suas decisões de negócios: servir a um propósito maior ou às metas de chegada?
- Dar *versus* Receber – O que lhe dá mais alegria: dar aos outros ou receber o que você quer?

Passo Três: Avalie suas respostas nos passos um e dois. Tente perceber se você está vivendo em liberdade ou em escravidão financeira — ou entre as duas alternativas. Isso pode ser um desafio porque as questões que você respondeu não tinham respostas certas ou erradas. Pergunte a você mesmo: "o dinheiro é meu servo ou tornou-se meu mestre?". Numa escala de 1 a 10, onde 1 é escravidão financeira, 5 corresponde a viver em liberdade com a necessidade de estar alerta, e 10 equivale a liberdade financeira, como se auto-avalia?

Passo quatro: Identifique as áreas em que você corre o risco de viver em escravidão financeira. Mostre por escrito as áreas problemáticas a Deus, tão especificamente quanto possível. Peça a Deus clareza e confiança para superar suas crenças erradas.

Passo cinco: Liberdade financeira é um processo de decisões diárias. Depois de orar, comece a tomar decisões em alinhamento com a vontade de Deus. Por exemplo: eu acreditava que dinheiro me daria segurança. Como resultado, minha motivação era fazer muito dinheiro. Para que eu me tornasse um autor efetivo, no entanto, precisava compreender meus motivos e crenças fundamentais. Se eu não compreendesse e direcionasse meus motivos, teria escrito *Deus é meu CEO* de maneira que ele vendesse tantos exemplares quanto possível. Ajudar o leitor teria sido um motivo secundário. Deus então me revelou o falso motivo — "tenho que ganhar dinheiro para sobreviver" —, ajudando-me a fazer do livro algo que honrasse a Ele — "sou hoje chamado a ajudar outros a integrarem a fé a seus trabalhos". Durante esse processo, tive condição de encontrar a liberdade financeira para me tornar efetivamente um autor.

Para muitas pessoas, novas crenças são uma mudança radical às velhas maneiras de pensar. Descobrir a liberdade talvez leve tempo. Peça a Deus para Ele manter você em alerta sempre que começar a retornar a suas velhas crenças. Continue a escolher a liberdade financeira, que ela virá.

GUIA DE DISCUSSÃO

Parte 1

Com respeito à segurança...

a. Quais são os benefícios tangíveis do dinheiro em relação a seu senso de segurança?
b. O que a segurança lhe custa em termos de preocupação com dinheiro?

Com respeito ao poder...

a. O que o controle acrescenta em sua qualidade de vida?
b. Como você lida com as coisas além do seu controle?

Com respeito à auto-estima...

a. De que maneira a riqueza, o *status* e as posses afetam sua auto-estima?
b. Como se sentiria em relação a si mesmo se perdesse a riqueza, *status* e posses?

Com respeito à felicidade...

a. Quanto da sua felicidade provém de alcançar as coisas que quer?
b. O que acontece quando você não consegue as coisas que deseja?

Parte 2

1. O que Os Hillman e o jovem administrador têm em comum?
2. Em que área da sua vida você é mais vulnerável para cair em escravidão financeira?
3. Quais são suas falsas crenças em relação ao dinheiro?
4. Como você foi afetado por essa crença?
5. O que a liberdade financeira significa para você?
6. Como a liberdade financeira afeta a maneira como você aborda o trabalho e a vida?

Capítulo 4

Superar a falta de confiança e cumprir o chamado de Deus

O chamado para escrever *Deus é meu CEO* desafiou cada uma das minhas crenças sobre autopreservação. Era uma fria e cinzenta manhã de janeiro de 1999, e eu estava sentado em uma cafeteria tentando iniciar o dia. Tomei uma segunda xícara de café buscando uma visão inspiradora, mas nada. Havia recebido a 17ª carta de rejeição de um editor. Conseguir inspiração divina para continuar a escrever meu livro era como procurar um pingüim no deserto. Eu simplesmente não conseguia.

Visito com freqüência as seções de livros de negócios das livrarias, principalmente para conferir os lançamentos. Naquele dia, quando me sentei de pernas cruzadas no chão de uma grande livraria, senti-me insignificante. Eu olhava para centenas de livros sobre liderança. Sentindo pena de mim mesmo, comecei então um monólogo dirigido a Deus. "Senhor, isso é impossível! Como vou conseguir ter meu livro exposto numa livraria, lado a lado com as obras desses gigantes da liderança? Não dá para competir com eles! Não mereço nem estar na mesma prateleira que eles! Desculpe-me, Senhor. O que o Senhor pede é demais para mim."

Percebi que parte da minha insegurança tinha a ver com o fato de ter me tornado vulnerável. Sou muito sensível quanto a dividir minha fé — mas tinha uma paixão fervorosa por fazê-lo. Fui empurrado em duas direções totalmente opostas. Muito tempo atrás, eu aprendi — de uma maneira bem dolorosa — a não dividir minha fé.

Foi quando tinha sete anos e estava voltando para casa com meu amigo Freddie. Dois adolescentes surgiram na nossa frente. Um deles virou-se para Freddie e perguntou: "Ei, garoto, você é judeu?" Freddie respondeu timidamente que não. Então o adolescente virou-se para mim e perguntou: "e você? Você é Judeu?". E eu, ingenuamente, respondi: "sim, eu sou". Ele cuspiu em meu rosto. Daquele momento em diante, fiz um pacto comigo: "não divida nunca mais a sua fé com os outros."

Levei esse medo comigo quanto entrei para o mundo dos negócios. Quanto menos gente soubesse a meu respeito, melhor. Quanto mais eu escondesse minhas cartas, maior a vantagem para competir. Então, quando recebi o chamado para escrever um livro sobre integração entre trabalho e fé, minha reação foi forte: "não quero me arriscar."

Mesmo sentindo que era um chamado de Deus, não entrei nessa aventura com muita ousadia. Ao contrário, estava relutante. Minha resposta inicial ao chamado foi "desculpe-me, Deus, o Senhor deve ter me confundido com outra pessoa. Veja, sou um ótimo consultor e orador, mas não um escritor. Não gosto nem de escrever cartas!".

Embora eu tenha tentado obedecer ao chamado de Deus para escrever o livro, era constantemente tomado por sentimentos de incapacidade, dúvida e medo. Era assombrado por pensamentos como "o que as pessoas pensarão? E se as pessoas me rotularem como um cristão-novo que só pretende convertê-los? Isso vai comprometer minhas atividades de *coaching.*" Lá estava eu, encarando as longas prateleiras de livros de negócios. Eu estava extenuado, pensei nos anos em que me comprometi a escrever o livro, no entanto, não tinha ainda nada para mostrar. Havia investido muito para desistir, mas não me restava nenhuma energia para prosseguir.

Em um encontro com meu mentor Monty, para falar do livro, de repente desabei e comecei a chorar. Sem dizer uma só palavra, Monty levantou-se, aproximou-se de mim e colocou gentilmente sua mão em meu ombro. De início, me senti embaraçado e sem jeito, mas logo fui tomado por uma sensação de liberdade. Era como se eu tivesse tido licença para liberar três anos inteiros de dor, fracasso e desencorajamento.

Após alguns minutos, ainda sem dizer palavra alguma, Monty foi até sua mesa e pegou sua Bíblia, envelhecida por décadas de manuseio. Lenta e deliberadamente, ele começou a ler: *"De todos os lados somos pressionados, mas não desanimados; ficamos perplexos, mas não desesperados; somos perseguidos, mas não abandonados; abatidos, mas não destruídos"* (2Coríntios 4.8,9).

Monty então se voltou para mim e olhou diretamente em meus olhos, dizendo duas coisas que mudaram minha vida: "Deus nos testa para nos revelar; o Demônio nos tenta para destruir-nos." E então ele se tornou ainda mais específico: "Larry, acho que o bebê e o livro tornaram-se seus ídolos. Talvez Deus esteja lhe testando e mortificando para que veja o que realmente tem no coração."

As palavras de Monty convenceram-me até a alma. Ele estava certo. Claro, iniciar uma família e escrever um livro sobre integração entre fé e trabalho eram metas nobres. Eu ainda acreditava que eram parte do chamado de Deus, mas as provações me fizeram perder o foco. Meus olhos estavam voltados para a superação, e não para o processo.

Porque não tínhamos o bebê e eu ainda estava sem um contrato, senti que aqueles anos tinham provado que eu era um fracasso. Estava focado naquilo que *eu não tinha* ao invés daquilo que *eu tinha*. Estava mais focado no que aconteceria comigo em vez do que Deus estava fazendo por mim. Deixei a casa de Monty concordando que eu realmente tinha transformado minhas metas em ídolos. Era mesmo o chamado de Deus ou só uma aventura egocêntrica? Era sobre servir a Deus ou servir a mim mesmo? Eu tinha certeza realmente de que havia escutado o chamado de Deus?

Esse momento de revelação da verdade desafiou-me a dar uma longa e boa examinada nos verdadeiros desígnios por trás da meta de escrever *Deus é o meu CEO*. Se fosse sobre ganhar dinheiro e alimentar meu ego, decidiria que esqueceria a coisa toda. Cortaria as perdas e estaria livre. Mas se realmente fosse um chamado de Deus, então eu teria de seguir em frente e confiar no processo, incluindo tudo o que viesse com ele, fosse negativo ou positivo.

PROBLEMA: FOCAR AS OPORTUNIDADES EM VEZ DOS OBSTÁCULOS

Quase cinco anos se passaram desde que senti o chamado inicial para escrever *Deus é o meu CEO*, e eu não via sinal algum de Deus dizendo-me para seguir em frente. Vi tantas coisas que me fizeram duvidar. Cada uma das cartas de rejeição alimentava meus sentimentos de fracasso.

Não fui o único a sofrer dessa maneira e então descobri que tampouco fui o único a lidar com a falta de confiança. Após a publicação de *Deus é o meu CEO*, um incontável número de leitores me contou que estavam na mesma situação. Escreveram-me que sentiram um chamado de Deus, mas resistiram por falta de confiança. Algumas respostas comuns entre os leitores incluíram razões como:

- Medo de falhar
- Medo do sucesso
- Medo do desconhecido
- Baixa auto-estima
- Sentimentos de incapacidade
- Muito orgulho
- Não querer parecer tolo
- Não acreditar que Deus realizaria um sonho tão grande
- Uma tarefa impossível
- Não poder se arriscar

Falta de confiança não é apenas sentir que você não está à altura da tarefa, é uma combinação de fatores. A exemplo do que acontece com uma equipe de jogadores em pleno torneio competitivo, esses medos e dúvidas aliados às circunstâncias externas da vida real muitas vezes colocam as pessoas de joelhos. E isso vira um círculo vicioso cruel: nossas derrotas e fracassos confirmam a nossa insegurança. Nossas inseguranças mudam o foco da promessa de Deus em relação a nossos obstáculos. Os obstáculos agigantam-se e, com o tempo, o chamado de Deus parece envolver riscos pessoais em demasia.

Eu certamente respeito o porquê de as pessoas se debaterem com esse assunto, o chamado de Deus é geralmente acompanhado de riscos pessoais. O que Deus nos pede às vezes parece impossível. Os obstáculos são enormes. As pessoas ficam na defensiva, protegendo-se; escondem-se nos afazeres da vida real em vez de aceitar o risco para completar o chamado.

Rhonda Anderson também se viu face a face com uma escolha. Ela poderia ter se acomodado e esperar que as coisas viessem até ela ou poderia ter dado aquele passo de fé. Se ela seguisse em frente, que tipos de obstáculos enfrentaria? Conseguiria superar a todos? Vamos descobrir.

Salvar o mundo com um álbum de fotos: Rhonda Anderson

Em janeiro de 1987, Rhonda Anderson era mais uma americana comum. Dona de casa de Montana, mãe de quatro filhos, fazia malabarismos para sustentar sua família, tentando completar o salário do marido. Um dia, ela vislumbrou uma oportunidade. E explica: "minha irmã me procurou e perguntou se eu não gostaria de ensinar artesanato a um grupo local de mães. Minha reação foi logo: 'mas você é a mais criativa da família'. Eu não tinha nenhuma grande idéia, então ofereci a única coisa que eu sabia fazer: montar álbuns de fotografias. Cresci vendo minha mãe montando seus álbuns, começando com meus 15 anos. Eles não eram organizados apenas para gravar boas memórias, mas também para fortalecer nossa auto-estima e um sentido de conectividade com a família.

Como havia me comprometido com o grupo de mães, preparei um seminário sobre o significado dos álbuns de fotografia, além dos passos necessários para montá-los. Compartilhei meus conhecimentos de coração."

Rhonda ministrou o curso e então teve uma grande surpresa. "A recepção foi espantosa. Após a apresentação, fui cercada por pessoas que tinham suas histórias guardadas, mas não em álbuns. Estavam em caixas de sapatos! Não tinha a menor idéia de que as pessoas não faziam absolutamente nada com suas fotografias. Ficou claro que eu havia me conectado com algo significativo. Cinco mulheres do curso queriam que eu fosse a suas casa dividir minha apresentação com seus amigos.

Comecei a fazer apresentações, e o retorno foi estupendo. Todos queriam álbuns. Decidi conversar com um amigo advogado para me aconselhar sobre o que fazer a seguir. Nunca esquecerei sua reação. Ele olhou diretamente para mim após correr os olhos por um de meus álbuns e disse: 'Rhonda, as pessoas vêm todos os dias ao meu escritório, cheias de desespero, desencorajadas de viver. Não têm qualquer esperança. Se as pessoas pudessem ver todo o trabalho que Deus realizou na vida delas, sei que encontrariam mais esperança para continuar. Todos precisam de álbuns como os seus'.

Saí do escritório inspirada. Foi como se uma luz acendesse em minha mente e coração. Tive a visão de restaurar a esperança naqueles que foram derrotados e esvaziados pelos desafios da vida. Reconheço que um álbum de fotografia é uma poderosa ferramenta para nos ajudar a lembrar como Deus nos abençoou no passado. Decidi que iria salvar o mundo com um álbum de fotografias."

Transformar obstáculos em oportunidades

No primeiro dia em que percebeu o chamado de Deus, a visão inspirada de Rhonda logo começou a encontrar obstáculos que tentaram desencorajá-la. Ela relembra: "meu plano imediato era continuar ensinando o que eu fazia às pessoas e, em troca, fazer que elas ensinassem outras e assim por diante. Mas havia a ameaça de um modelo de álbum que era ideal para aquele desafio deixar de ser fabricado, porque estava saindo de linha.

Eu não podia acreditar. Imediatamente, liguei para o escritório da empresa que os fabricava e pude falar diretamente com a responsável pelo departamento de marketing. Eu estava determinada a convencê-la a não descontinuar a produção dos álbuns de fotografia.

Intrigados com a minha demanda, fui convidada a ir até a empresa e falar do meu projeto. Lá encontrei vários empecilhos, como o fato de as vendas não serem feitas para consumidores apenas para revendedores, mas como eu estava decidida a estimular a prática de se completar álbuns de fotografias, decidi montar um estande em uma grande feira de Montana.

O nosso orçamento doméstico estava bastante escasso, mas mesmo assim meu marido e eu investimos e comparamos mais álbuns, um computador e uma van para transportá-los. No primeiro dia de feira, porém, vendemos apenas 60 unidades. Lembro-me de ter pensado: 'tenho de tomar uma decisão: devolver 940 álbuns e admitir minha derrota. Ou vendê-los'.

Coletei 500 nomes e endereços de pessoas que assinaram o livro de visitas do estande na feira. Passei os cinco meses seguintes, de abril ao fim de setembro, ligando para esses contatos. Montava cinco eventos por semana. Eventualmente, durante as aulas, vendia os álbuns.

Empenhei-me mais ainda, acrescentando cursos de vendas no currículo e, em 1987, abri a empresa Memórias Criativas. Em maio de 1988, compramos um trailer para viajar com a família pelos Estados Unidos, divulgando a empresa. Tornou-se uma aventura familiar, embora nem sempre os *wokshops* tivessem muita gente.

Em vez de desanimar, senti-me mais encorajada em saber que aquela minha visão divina iria se realizar, nem que fosse pouco a pouco. Até que em 1989, insisti muito para conseguir 15 minutos no programa *Foco na Família*, de James Dobson. Meu foco estava voltado não para os lucros, mas para os benefícios que os álbuns levariam às famílias. Só consegui ir ao programa em março de 1990, mas a partir daí a empresa Memórias Criativas cresceu rapidamente, tornando-se um grande sucesso.

Um ano depois, porém, descobri que tinha um problema de saúde, o que me fez questionar-me muito se havia negligenciado minha vida familiar e pessoal por causa da empresa. Na mesma época, pude concretizar meus planos de adotar uma criança de Calcutá, na Índia. Janetta nascera em um beco, pesava pouco mais de um quilo. Adotar essa criança foi, pessoalmente, uma expansão da minha fé. Eu havia pensado: *'se Deus pode trazer essa criança para minha casa, eu consigo passar por mais uma prova, vencer o meu problema de saúde'.*"

Hoje a empresa Memórias Criativas é uma próspera companhia com mais de 90 mil consultores ao redor do mundo. A organização tem faturamento de mais de 400 milhões de dólares por ano e está ativamente envolvida em doar tempo e esforços na luta contra a doença de Alzheimer. Até agora, já foram arrecadados mais de 500 mil dólares na luta contra a doença. Enquanto a companhia continua crescendo, Rhonda mantém seu papel básico como mantenedora da missão de "ensinar a importância de preservar o passado, enriquecendo o presente e inspirando esperança para o futuro." "Quando faço uma retrospectiva desse período de minha vida, vejo com espanto como Deus jamais me faltou. Ele nunca me desapontou. Sua mão é tão óbvia em minha vida e na de minha família. Hoje, quando tenho um empecilho, digo a mim mesma: 'é só mais uma oportunidade de Deus mostrar Sua grandiosidade'."

SOLUÇÃO: TER CORAGEM PARA ATENDER AO CHAMADO DE DEUS

A história de Rhonda nos dá uma lição de como funciona nossa parceria com Deus. Obstáculos são rochas necessárias no caminho do chamado de

Deus. Eles ajudam a construir a pessoa que Deus quer que sejamos. Através das provações, você desenvolve o caráter necessário para responder ao chamado. A escolha de Rhonda em se focar nas oportunidades que Deus colocou a sua frente deu-lhe a força que ela precisava para superar os obstáculos. À medida que superava corajosamente cada obstáculo, sua visão ficava mais perto de se tornar realidade. Ela escolheu enfocar sua missão e não as dificuldades. E como conseguiu?

Lembrou-se de como o poder de Deus ajudou-a no passado. Essas memórias lhe deram a inspiração e a coragem para perseverar no presente e juntar esperanças para o futuro.

Após meu almoço cheio de lágrimas e muita oração com Monty, convenci-me de que escrever *Deus é meu CEO* era realmente um chamado. E assim tomei uma poderosa resolução para seguir em frente, apesar dos percalços. Após muita reflexão, vi claramente como as provações e os obstáculos tentam nos abater. Também percebi que não temos que nos acomodar e desistir. "*De todos os lados somos pressionados; mas não desanimamos; ficamos perplexos, mas não desesperados; somos perseguidos, mas não abondonados; abatidos, mas não destruídos.*" *(2Coríntios 4.8-9)*

A combinação das derrotas da vida com as mentiras do demônio e nossa própria negatividade podem colocar-nos de joelho. No entanto, temos um inigualável poder dentro de nós para superar tudo aquilo que se colocar em nosso caminho.

Assim renovei minha resolução de escrever o livro, apesar do que as velhas mensagens me diziam e do que senti. Para ser mais claro, fiquei furioso. Embora me sentisse abatido, não estava derrotado. Transferi a energia que encontrei na fúria para minha criatividade e perseverança. Passei a focar em minha missão e não nos obstáculos. Pouco a pouco, um livro foi escrito, uma criança nasceu e um homem se tornou alguém que podia enfim cumprir sua missão e trazer honra para seu fiel e maravilhoso Deus.

Eu adoro finais felizes e aprecio o senso de humor. Como já havia mencionado, nossa filha Grace nasceu em julho de 2000, e *Deus é meu CEO* chegou às prateleiras na primavera de 2001. A primeira vez que vi o livro pronto foi por acaso. Estava levando Grace para um passeio no shopping local e me deparei com uma livraria. Acho que o acaso foi "arranjado" por Deus.

Enquanto você enfrenta os obstáculos de seu dia, é fácil perder o foco da missão. Lembrar-se da fidelidade e das promessas de Deus lhe ajudará a olhar além das dificuldades, focar-se no chamado de Deus e descobrir a coragem para atender a esse chamado. Uma vez mais, a resposta está no equilíbrio entre "deixar fluir" e "seguir adiante" — renunciando e assumindo o controle.

Postura de renúncia: saia do caminho

Muitos anos atrás, eu atuava como *coach* de um programa de liderança para executivos. Comecei com uma simples e divertida brincadeira de entrosamento que aprendi em uma aula de improvisação de comédias. O exercício era desenvolvido por um pequeno grupo de pessoas em círculo. O objetivo era lançar uma bola imaginária para alguém do círculo e então dizer a primeira palavra que viesse à cabeça. A pessoa que recebesse a bola imaginária repetiria a ação. A meta do exercício era estimular a livre-associação e a criatividade.

Logo que o jogo começou, uma mulher vestindo um *tailleur* azul de executiva saiu do círculo e se aproximou. Parecia muito agitada. Olhando-me direto nos olhos, ela exclamou: "Desculpe-me, eu não consigo jogar esse jogo. Eu não sou criativa". Com seus dedos no ar, segurando uma bola invisível, ela me passou a vez. Não estou certo por que ela se recusou a jogar o jogo. Talvez tenha acreditado em uma mentira: a de que não era criativa. Ou talvez não quisesse parecer uma idiota na frente dos colegas.

Momentos assim me fazem pensar em quantas vezes Deus nos chama para uma aventura divertida e — muito embora Deus tenha nos dado talento, habilidades e recursos para fazer o trabalho — respondemos: "desculpe-me, Deus, não posso".

Nós mesmos podemos ser nossos maiores inimigos. Deus nos chama para acompanhá-Lo em uma aventura, e inventamos desculpas para não ir. Ele nós dá grandes oportunidades para iniciativas bem-sucedidas, e criamos obstáculos que impedem e até sabotam nosso sucesso. Nossos medos, inseguranças e dúvidas são subprodutos de um paradigma egoísta que grita "o que vai acontecer comigo? O que as pessoas irão pensar de mim?".

Se você se sente inadequado e inapto para o chamado de Deus, parabéns! Você está pronto para servir! Como bem coloca um amigo meu: "Deus não chama os qualificados! Ele qualifica os chamados." Deus não está olhando para seu currículo de talentos e habilidades. Ele está vendo a sua disposição para servir.

> *"Deus não chama os qualificados! Ele qualifica os chamados."*

Como Rhonda Anderson nos prova, todo percalço nos oferece uma oportunidade para vermos a grandeza de Deus. Até você largar sua natureza humana e permitir que a natureza divina seja revelada a você, você tende a ver apenas os obstáculos. Abdicar de seu medo, ego, orgulho e falta de confiança faz parte da preparação diária necessária para realizar o chamado de Deus. É como tomar uma ducha ou escovar os dentes. Prepara você para focar-se no chamado de Deus e não em seus obstáculos.

Minha renúncia diária foi colocada à prova na primavera de 2001. *Deus é meu CEO* tinha acabado de chegar às livrarias. Nunca havia escrito um livro, então não tinha idéia do que esperar. Você pode imaginar a minha satisfação quando recebi um telefonema do produtor de um influente programa de tv, perguntando-me se eu gostaria de dar uma entrevista. Ciente da publicidade que isso daria ao meu livro, aceitei logo. Após desligar, saltei de alegria e corri para falar com Sherri, exclamando: "Adivinha! Vou aparecer na tv!" O programa poderia atingir 160 milhões de espectadores em 127 países.

Apesar de ser um orador experiente, fiquei nervoso com o fato de desnudar minha alma para o mundo. Como poderia contar a tanta gente sobre minha fé em Jesus?

Uma das coisas que aprendi é que quando você se entrega à vontade de Deus, Ele tem um jeito de colocar pessoas e recursos para lhe ajudarem a completar a tarefa. Não foi coincidência, portanto, o fato de antes mesmo do convite da entrevista eu ter planejado ir a uma conferência na Carolina do Sul, por coincidência na véspera do programa de tevê. Era uma conferência para oradores que queriam integrar trabalho e fé. Depois que a conferência terminou no domingo de manhã, planejei dirigir até Hampton, na Virgínia, e passar a noite no hotel localizado no campus da CBN.

Na conferência, fiquei em um grupo com cerca de 30 colegas oradores. Contei ao grupo que estava bastante nervoso por causa da minha aparição na tevê. Sem hesitar, a líder da conferência, uma mulher divina chamada Naomi Rhode, aproximou-se de mim, colocou sua mão no meu ombro e disse para todos: "vamos orar pelo Larry". Sai de lá me sentindo em paz.

Na manhã seguinte acordei cedo para ler a Bíblia. Li a passagem de 1Coríntios 2.3-5, que já havia lido várias vezes, mas que naquela manhã ganhou um significado especial. Fui lembrado que a entrevista não seria sobre mim, mas uma oportunidade de compartilhar minha dedicação a Deus. O objetivo da entrevista de repente mudara. Não estaria ali para inflamar a audiência, "mas para demonstrar o poder de Deus". No final, as pessoas seriam inspiradas por Deus e não por mim. A pressão de querer aparecer bem e vender livros simplesmente desapareceu.

Quando cheguei à CNB, fiquei maravilhado com o impressionante poder de Deus e me senti honrado por ter um pequeno papel em Seu plano. Estava totalmente imerso na renúncia.

Ao abandonar minha ansiedade egoísta e tirar meu ego do caminho, tudo o que sobrou foi o privilégio de aparecer e ser a pessoa que Deus me pediu para ser. A entrevista foi ótima, mas, mais importante, lembrou-me que minha prática diária é ficar fora do caminho e deixar Deus realizar Suas maravilhas.

Postura de controle: trilhar o chamado

Levo minha filha Grace ao parque infantil da vizinhança desde que ela tinha dois anos de idade. No parquinho, uma barra para ginástica conecta duas áreas. Por quase um ano e meio, ela se aproximava da barra, olhava através dela, mas nunca ousou cruzá-la. Encorajei Grace a fazê-lo e até ofereci ajuda, mas toda vez ela se recusava, gritando: "eu não posso!"

Eu sabia que ela queria muito cruzar a barra e, mesmo assim, cada vez que as oportunidades se apresentavam, pensava um pouco a respeito e desistia. Afinal, o grande dia chegou. Uma vez mais, Grace se aproximou da barra — só que desta vez ela tinha um olhar de determinação que eu nunca vira antes. Ela olhou em frente e deu suas ordens: "papai, segure a minha mão!" Grace lentamente deu um passo, depois outro, com os braços esticados. Um lhe dava o equilíbrio necessário e o outro segurava minha mão, para sua segurança.

Ela colocou um pé na frente do outro. Mantinha os olhos focados no estreito caminho a sua frente e não na possível queda de um metro de altura. Seus passos ficaram mais rápidos perto do ponto de chegada e, então, ela chegou ao fim da barra.

Grace tinha vontade de cruzar aquela barra desde que tinha dois anos de idade, mas só agora, com três e meio, conseguiu. Um desconhecido poderia ter realizado a mesma façanha em 30 segundos. Mas Grace, eu e Deus sabíamos que ela levou quase metade da vida dela para realizar-se.

Como toda criança, Grace é impaciente. Sempre quer as coisas no ato. Ela queria cruzar aquela barra de equilíbrio aos dois anos; no entanto, Deus *sabia melhor* do que ela que ela não estava pronta. Tinha de esperar, crescer e amadurecer antes que pudesse cruzá-la.

Às vezes não estamos prontos para todos os passos. Algumas coisas levam uma vida inteira para acontecer. Deus é o maestro que orquestra esse tempo. Em cada passo, estamos trilhando o chamado de Deus.

Quando Deus pede para esperar

Um dia, logo após a publicação de *Deus é meu CEO* , uma mulher me fez uma pergunta interessante: "Com todos esses escândalos corporativos, como o caso da Enron, como você conseguiu tamanha sincronia para lançar *Deus é meu CEO* exatamente agora?" O comentário me ajudou a ver a maravilha que é a perfeita sincronia de Deus. Esperar pode ser uma tortura, mas às vezes conseguimos descobrir o valor da espera.

Talvez você esteja esperando há muito tempo para realizar os seus sonhos. Tenho certeza de que a cada decepção, eles parecem desaparecer. Por mais decepcionado que você possa se sentir, quero encorajá-lo a aguardar ativamente pelo tempo determinado por Deus.

Você notou que eu disse "aguardar ativamente"? Isso parece ser uma expressão contraditória, mas esperar não é o mesmo que desistir. Não significa entregar-se ao desencorajamento. Trata-se de uma postura de controle ativa.

Esperar não implica dar voltas sem fazer nada. Ao contrário, exige grandes esforços. Esperar serve ao propósito do plano de Deus. Esperar ajuda a preparar as pessoas para realizar a sua missão. Requer foco, disposição para se permanecer no jogo e estar pronto para servir quando chegar o momento certo. Perguntaram ao *zagueiro* dos Minnesota Vikings, Daunte

Culpepper, como ele se preparara já que era um jogador iniciante. Ele disse que em sua fase de reserva, quando permanecia sentado no banco, pôde observar cada jogo, estudar os oponentes, observar os zagueiros e executar treinos mentais, imaginando o que faria em cada jogada. Admitiu que a espera tinha sido trabalhosa, mas lhe rendeu dividendos quando finalmente ele teve sua chance.

Preparação é o primeiro passo para superar a insegurança. Use seu tempo de espera para "se aprontar" para o chamado. Se você se sente inadequado, procure a melhor maneira para sentir-se adequado; se teme o desconhecido, faça uma pesquisa para tomar uma decisão fundamentada. Se sua tarefa parece impossível, desenvolva uma estratégia, passo a passo, para avançar devagar rumo à realização. Antes que você perceba, será hora de dar o primeiro passo.

Quando Deus diz "siga"

Um chamado para obedecer

> "Se vocês obedecerem a todos os mandamentos que lhes mando cumprir, amando o Senhor, o seu Deus, andando em todos os seus caminhos e apegando-se a ele, então o Senhor expulsará todas essas nações da presença de vocês, e vocês despojarão nações maiores e mais fortes do que vocês. Todo lugar onde vocês puserem os pés será de vocês." (Deuteronômio 11.22-24)

Observe o uso da palavra "cuidadosamente". Deus deixa claro que o perigo real é possível, mas, ao contrário da sociedade, que exige homens e mulheres destemidos para enfrentar o mundo e os negócios, como se fossem caubóis do Velho Oeste, Deus quer apenas que você preste atenção às instruções Dele.

A segunda palavra-chave é "todos". O Senhor instrui você a obedecer todos os comandos Dele, porque Ele tem um plano para a sua vida. Ele lhe ajuda a superar sua insegurança, para que você possa atender a Seu chamado. O mínimo que você precisa fazer é seguir Suas instruções.

Um chamado para servir

"Ama o Senhor seu Deus". Se a sua visão nasceu da parceria que você tem com Deus, nada poderá falhar. Pessoas com uma visão e uma missão têm duas paixões a guiá-las: elas amam o Senhor e querem servi-Lo; elas amam pessoas e querem ajudar onde o auxílio é necessário. O amor vence o medo. Quanto mais você ama, mais fracos tornam-se seus medos e suas inseguranças.

Um chamado para seguir Deus com integridade

"Ande por todos os caminhos Dele". Tenho certeza de que você já ouviu o ditado que diz que "uma jornada começa com o primeiro passo". Deus não vai caminhar por você, você é que tem de dar o primeiro passo. O impulso é criado quando você anda nos caminhos Dele. Minha filha Grace cruzou a barra de ginástica, um passo de cada vez. Ela segurou minha mão com sua mãozinha e se equilibrou com a outra. Eu a guiei e dei as instruções, mas ela fez a sua caminhada.

A chave não é andar independentemente, mas dependente de Deus. Cada passo foi uma vitória que deu a Grace confiança para dar o próximo passo. Da mesma maneira, Deus nos chama para superar não todos os decisivos obstáculos, mas um de cada vez. Cada vitória com o Senhor cria um precedente para outra. Não apenas cresce a nossa confiança, mas crescemos em caráter também, para superar obstáculos ainda maiores.

Um chamado para preservar

"Apegar-se ao Senhor". Você é sempre convidado a perseverar no chamado de Deus, pois completá-lo é uma jornada cheia de bênçãos, mas não é uma estrada fácil. O Diabo não quer que você seja bem-sucedido. Os obstáculos em seu caminho podem ser cruéis e o castigar. Os pensamentos negativos podem comprometer seu dia-a-dia.

Eu acredito que Seu chamado não é para realizações futuras, mas sim para pequenas vitórias diárias sobre os obstáculos que tiram a coragem. A cada vitória você cresce, amadurece e produz frutos. Perseverança é um ingrediente essencial para produzir frutos. Não é o talento que importa, não são as técnicas ou o dinheiro. O que importa é a firme e inabalável confiança em Deus.

Conclusão

Todo ano, minha família passa o fim de semana do feriado de 4 de julho, quando comemoramos a Independência dos Estados Unidos, na cabana de meu irmão e cunhada. Tornou-se tradição fazermos uma fogueira na primeira noite e então assarmos hambúrgueres e salsichas na grelha. O que também se tornou uma tradição é a maneira como meu cunhado acende a fogueira. Sempre com pressa para jantar, depois de dirigir por horas desde a cidade. Ele então coloca toras imensas na cova da fogueira, embebe tudo em gasolina e, enquanto nos afastamos, joga um fósforo aceso.

Estou certo de que os moradores de Battle Lake sempre aguardam a tradicional nuvem de cogumelo subir sobre a região do lago, o início das comemorações da Independência naquela área. Com as sobrancelhas devidamente queimadas, a família senta-se para um delicioso jantar.

Em julho de 2002, acordei, na manhã seguinte ao tradicional jantar, com um dia cinza, frio e úmido. Peguei minha xícara de café e fui sentar à beira do lago. Enquanto estava perto do círculo da fogueira, observei minha sobrinha de sete anos, Kaitlin, mexendo com as cinzas úmidas do fogo da noite anterior. Ela procurava uma brasa para reacender a fogueira.

Foi quando lhe disse que precisaríamos fazer uma nova fogueira, pois a da noite anterior estava apagada. Eu sabia disso porque no fim da noite sempre jogamos baldes de água para apagá-la. E se isso não fosse suficiente, houvera a chuva contínua da madrugada...

Kaitlin educadamente ouviu-me, mas voltou a procurar as brasas remanescentes. Como um detetive em uma cena de crime, ela remexia meticulosamente por entre as cinzas com uma vareta de madeira. Observei-a virar cada uma das toras úmidas. Até que milagrosamente achou um pequenino carvão em brasa, sob um tronco de madeira queimado e úmido.

Ela então agachou sobre as mãos e os joelhos e começou a ressuscitar o pequeno carvão, assoprando-o gentilmente. Soprou pelo menos por meia hora. Achei que iria apagar, mas Kaitlin tinha uma grande determinação. Pacientemente, pegou ramos e galhinhos e colocou-os estrategicamente perto do carvão pequenino, agora brilhante. Em seguida ela achou uma velha caixa de papel e dobrou-a como se fosse um leque. Quando se cansou de soprar os carvões, abanava-os com o leque improvisado, de um lado para outro. Quando cansava o braço, voltava a assoprar.

Finalmente, uma chama surgiu do escuro das cinzas enlameadas, dos galhos úmidos e dos ramos viscosos. Durante a hora seguinte, Kaitlin alimentou a pequena chama até se tornar uma fogueira formidável — uma fogueira que serviria toda a família como nossa principal fonte de diversão, calor e fogo para cozinharmos pelo resto daquele dia frio e cinzento. A perseverança de Kaitlin ajudou a todos nós.

Quando faço uma retrospectiva da minha vida, assim como da vida de muitos clientes, executivos que brigam com sua confiança, posso entender como alguns desafios apagam o dom de Deus que queima dentro de nós. Vejo por que algumas derrotas são capazes de apagar em algumas pessoas seus planos como se fossem baldes de água fria. Para outros, observo que são como uma lenta e tortuosa goteira de desencorajamentos, gota pingando após gota, até esquecerem o poder de Deus dentro de nós. Oramos a Deus para termos coragem, inspiração e poder, mas falhamos em reconhecer que já temos a dádiva, a dádiva de Deus, que de repente está enterrada sob nossas derrotas, desânimos, medos, dúvidas e falta de confiança.

A experiência de Kaitlin dá um ótimo exemplo de como reacender o Espírito Santo que talvez tenha sido apagado com o tempo, pelas dificuldades da vida. Tudo se resume ao foco. Kaitlin estava determinada a encontrar aquela centelha sob as cinzas. Ao invés do visível, ela acreditou no invisível.

1. Ela focou-se na centelha escondida, não nas cinzas.
2. Ela antecipou sua chegada. Teve uma atitude de esperança. Não oscilou entre lógica ou conveniência. Apesar de meu eloqüente pronunciamento sobre a morte da chama e da necessidade de acendermos uma nova fogueira, ela permaneceu fiel em sua busca por encontrar a centelha enterrada dentro das cinzas úmidas.
3. Uma vez encontrada a centelha, ela a transformou em uma chama. Ela fez o trabalho para ressuscitar a chama. Foi paciente. Ela a alimentou e a trouxe de volta à vida.

Sua direção na vida às vezes depende das lentes que você utiliza para ver o mundo. Você pode focar-se nas cinzas da sua vida — ou pode procurar pela invisível e escondida centelha que impele você a renascer, como uma fênix surgindo de suas próprias cinzas.

APLICAÇÕES PRÁTICAS

Exercício 1: olhar para trás para seguir em frente

Orando, reflita sobre seu passado. Comece por sua infância, volte cronologicamente até o presente. Pode ser mais fácil se você dividir seu passado em partes, como:

- Infância: idade de 1 a 18 anos
- Ensino superior/início da idade adulta
- Primeiros anos de trabalho
- Carreira
- Pós-carreira/aposentadoria

1. Identifique eventos-chave ou período de sua vida — bons/ruins ou outros.
2. Fazendo uma retrospectiva, que eventos ou períodos trouxeram você até onde está?
3. Onde você vê a mão de Deus nesses eventos ou períodos?
4. De que maneira Deus usou pessoas para lhe influenciar na direção de sua vida?
5. De tudo o que aconteceu, quanto estava sob seu controle e quanto estava sob o controle de Deus?
6. Quanta sabedoria profunda ou compreensão você ganhou?
7. Faça um resumo de como Deus o dirigiu a este ponto.
8. Descreva o seu chamado. Onde Deus está lhe levando?
9. Como pode você usar este exercício para reforçar sua confiança e renovar seu chamado?

Exercício 2: a Sala Bíblica dos Medrosos

Se você se sente chamado por Deus, mas lhe falta confiança nesse chamado, você não está só. Muitos líderes bíblicos tinham temores quanto à própria habilidade para realizar o chamado de Deus. Em parte por brincadeira, em parte a sério, criei a **Sala Bíblica dos Medrosos** — formada por heróis bíblicos que, quando chamados por Deus, tentavam racionalizar porque não estavam à altura da escolha divina. Criei este gráfico para uma palestra, mas interiormente sentia conforto em saber que não era o único que tentara escapar do chamado de Deus.

Sala Bíblica dos Medrosos

O herói relutante. Quatro grandes líderes e suas respostas ao chamado de Deus.

Líder	Resposta	Promessa de Deus
Moisés (Ver Êxodo 4.10-12)	"Pobre de mim, Senhor! Nunca tive facilidade para falar, nem antes, nem agora que falas a seu servo. Tenho a boca e a língua pesadas."	"Vai, portanto, que eu estarei com a sua boca e lhe ensinarei o que deverá dizer."
Gideão (Ver Juízes 6.14-16)	"Por favor, meu senhor, como poderei eu libertar Israel? Minha família é a mais humilde de Manasses, e na casa de meu pai eu sou o último."	"Eu estarei com você e você derrotará os Madianitas, como se fossem um só homem."
Salomão (Ver 1Reis 3.7-12)	"Mas eu não passo de um adolescente que não sabe ainda como governar."	"Dou-lhe um coração sábio e inteligente."
Jeremias (Ver Jeremias 1.6-8)	"Ah! Senhor Deus, não sei falar, sou uma criança."	"Não tenha medo deles, pois estou com você para lhe defender."

Cada um desses grandes líderes expressou sua falta de confiança, mas, apesar de seus medos, cada um deles aceitou a tarefa com fé. Recordo-me de meu amigo Monty Sholund dividindo uma citação simples comigo: "se Deus colocou você nisso, Ele lhe ajudará a fazer". Deus é paciente e Ele entende suas dúvidas e inseguranças. Não se torture porque você ainda precisa atender ao chamado de Deus: em vez disso, entregue-se ao chamado. Se Deus realmente lhe chamou para uma tarefa específica, Ele irá lhe prover os meios para cumprir sua missão com sucesso.

Passo um: Em seu diário, computador pessoal, lousa ou o onde achar melhor, documente sua visão ou o que você acha que Deus está lhe pedindo para fazer.

Passo dois: Em suas próprias palavras, inicie um diálogo com Deus, como os líderes da **Sala Bíblica dos Medrosos** fizeram. Por escrito, exponha abertamente seus medos, inseguranças e preocupações.

Passo três: Peça a Deus para revelar as Suas promessas e/ou esclarecer o chamado.

Passo quatro: Identifique (ou comece a identificar) os passos básicos necessários para completar a visão. Enquanto Deus estimula você, continue a identificar os passos que você precisa dar.

GUIA DE DISCUSSÃO

1. O que mais lhe inspirou na história de Rhonda Anderson?
2. Que lição você aprendeu?
3. Qual você crê que seja o seu chamado? Por favor, descreva-o.
4. Com o título "Falta de Confiança", aponte os assuntos específicos (internos e externos) que atrapalham o caminho do seu chamado.
5. Identifique exemplos de como você recorda as promessas de Deus.
6. Divida com outros como você usa (ou poderia usar) lembretes para reforçar sua segurança. (Lembretes são lembranças de incidentes passados sobre a fidelidade de Deus).
7. Dentro da postura da renúncia, identifique onde você pode sair do caminho e deixar Deus atuar em sua vida.
8. Dentro da postura de controle, identifique de três a cinco atitudes que você pode tomar para superar a falta de confiança (Referências: Deuteronômio e Josué)
9. 1Tessalonicenses 5.11 nos manda a "encorajar um ao outro e fortalecer a todos".
   a. Descreva uma situação em que tenha sido encorajado em uma hora de desânimo. Como se sentiu?
   b. Descreva como você encorajou alguém quando ele ou ela estava desanimado. Como se sentiu?
10. Em grupo, faça um *brainstorm* (uma tempestade de idéias) sobre maneiras de encorajar o próximo.
11. Identifique como o Seu chamado honra a Deus e encoraja outros.

Capítulo 5

Superar as distrações e descobrir o sussurro de Deus

Desde 1995, quando Greg e eu estivemos em um retiro cristão, continuamos a nos reunir de três em três meses para um desafio espiritual. Com o tempo, porém, a conversa tornou-se cada vez mais unilateral.

Greg começou a reclamar dos desafios da vida e eu assumi o papel de conselheiro, tentando confortá-lo e guiá-lo. Na primavera de 2003, a situação chegou a seu ponto-limite. Percebi que nossos encontros não eram mais tão frutíferos.

Sem saber de minha decisão, com a pontualidade de um relógio, Greg me ligou para uma nova reunião. Antes que eu pudesse dizer a ele que estava decidido a encerrar os encontros, ele me disse que andava muito deprimido, ressaltando como era importante para ele aquelas nossas conversas.

Ao ouvir a voz agoniada de Greg, concordei em marcar a reunião. Na manhã do nosso encontro, eu estava estressado com meus prazos apertados, incomodava-me por não ter sido sincero com Greg sobre aqúelas reuniões. Sem me dar trégua, ele começou a reclamar de sua situação. Estava desempregado e preocupado com o que faria para sobreviver com tanta dificuldade financeira. Também atravessava o fim de um namoro.

Ao mesmo tempo em que eu o ouvia e entendia suas dificuldades, eu estava furioso com ele. Por anos ele falara sobre sua fé em Deus e seu desejo de fazer a coisa certa, mas parecia nunca cumprir sua palavra: dizia uma coisa e suas ações diziam outra.

Estávamos chegando ao fim da reunião e eu já estava inquieto, quando de repente a expressão de Greg mudou. Ele ficou em silêncio e apoiou sua cabeça na mesa, como se sussurrasse algo. Sereno e mal olhando ao redor, ele disse: "meu dinheiro acabou e estou apavorado. Onde está Deus? Estive orando por Sua ajuda, mas honestamente acho que Ele me abandonou". Abaixou-se e mexeu a cabeça como se dissesse "Deus, dê-me um sinal — qualquer coisa!"

Senti urgência em orar com ele. Abaixamos a nossa cabeça e pedimos a Deus que Se revelasse a Greg. Quando estávamos saindo, um homem caminhou até nossa mesa. Ele parou e nos disse: "eu os vi orando e só queria dizer a vocês que isso foi uma bênção para mim nesta manhã". Tão rapidamente quanto surgiu, ele se afastou. O queixo de Greg caiu. Ele me olhou e perguntou se eu conhecia aquele homem.

Tão surpreso quanto ele, eu falei que nunca o vira antes. Greg e eu ficamos estupefatos com o ocorrido. Enquanto eu me dirigia para a próxima reunião, estava surpreso com o privilégio de ter presenciado uma resposta de Deus a um pedido de socorro.

Seis meses depois, nos encontramos para outro café. Esperava que Greg tivesse mudado de opinião após nosso encontro com Deus. Infelizmente, era a mesma história de sempre. Ele encontrara uma nova namorada, mas tinha terminado novamente. Estava empregado, mas infeliz no trabalho. Lembrei a Greg do encontro anterior com o Senhor e perguntei-lhe o que aquilo significara para ele. Disse-me que acreditava que Deus falara conosco naquela manhã, mas confessou que o "encontro miraculoso" logo desvaneceu. Por duas semanas ele ficara muito empolgado ao descobrir a orientação por intermédio da palavra de Deus, mas aí conheceu a nova namorada e então voltou a trabalhar...

Minha frustração ia aumentando à medida que ele falava. Não dava mais para aceitar as desculpas de Greg e eu exclamei: "Deus está com você. Ele te ama e Ele quer que você seja um sucesso, mas quando é que você vai assumir alguma responsabilidade e encontrá-Lo?".

Retraído, Greg reconheceu que eu estava certo. "Reconheço que estive andando com as pessoas erradas e elas me impediram de crescer. O que eu realmente preciso fazer é me reunir com um grupo de rapazes cristãos que me ajude a ser mais responsável".

Quase no mesmo instante, Joe Komareck, um amigo do ministério de negócios religiosos locais entrou no restaurante com cinco homens, sentando-se próximo à nossa mesa. Enquanto Joe e eu apresentávamos nossos acompanhantes, um arrepio percorreu minha espinha. Eu sabia que Deus estava em ação novamente. Joe dirigia um grupo de estudos da Bíblia às quintas-feiras, para jovens rapazes e cristãos solteiros.

Mais tarde, quando caminhávamos até os carros, Greg e eu conversamos sobre a maravilhosa oportunidade que Deus orquestrara de novo. E então Greg disse algo que me paralisou: "bem, eu não sei se minha agenda vai me permitir ir ao grupo de estudos da Bíblia...".

PROBLEMA: ESTAR OCUPADO DEMAIS PARA ESCUTAR A VOZ DE DEUS

Fico imaginando por que algumas pessoas escutam a Deus e outras não. Isso não tem nada a ver com o Senhor porque Ele faz a parte Dele. Na verdade, tem a ver com as condições de nosso caráter e coração. Muitas vezes, estamos tão absorvidos pelos desafios à nossa frente que simplesmente não escutamos a orientação de Deus. Nossos ouvidos ficam surdos pelo barulho do mundo, nosso coração é enganado por nosso ego, as pressões diárias distraem nossa mente e nossos olhos focam-se nos obstáculos, não nas oportunidades.

O radialista Chuck Knapp sabe como é fácil distrair-se com tantas demandas e desafios da vida.

Escutar uma nova mensagem: Chuck Knapp

Desde os oito anos de idade, Chuck Knapp tinha paixão por trabalhar no rádio, mas a vida em uma pequena cidade de Minnesota tornava tudo muito difícil. Havia ainda muitas discussões e o alcoolismo familiar. O pai de Chuck era dono de um pequeno negócio que ficava aberto 24 horas por dia setes dias por semana, não havia descanso. Quando ele estava em casa, brigava com a esposa, o que muitas vezes levou Chuck a correr desesperado para o milharal buscando a luz de Deus — diziam até que era lá que os fazendeiros desesperados suicidavam-se. Mas não era esse o destino reservado para Chuck.

Um dia, ainda jovem, recebeu em casa a visita de um amigo da família, que viera convidá-los para ir à igreja. "Por alguma razão, meu pai, sempre ocupado, achou que eu deveria ir e representar-nos. Embora relutante no início, lá eu escutei a mensagem que me acompanharia por toda a vida", conta Chuck. "O pastor disse que os minutos mais excitantes da vida seriam os cinco minutos imediatos à morte. Ele falou sobre Jesus e a cruz e pensei: 'esse cara é louco. *Sobre o que ele está falando?*'. Mesmo assim, a mensagem grudou em mim e nunca mais saiu".

Chuck enterrou a tristeza da juventude empregando toda sua energia no trabalho. Ao longo desse processo, teve o prazer de viver um sonho que se tornaria realidade: trabalhar no rádio e ter um programa de sucesso, como *DJ* do horário nobre em cidades como Boston e Chicago.

Por fora, naqueles anos Chuck vivia uma vida de sonhos, mas, por dentro, sua vida estava em completa desordem. Ao longo dos anos, Chuck ia à igreja por ir. "Minha abordagem religiosa era muito negativa. Igrejas estavam sempre pedindo dinheiro, eram freqüentadas por hipócritas e os escândalos religiosos eram freqüentes. Nenhuma transformação acontecia em meu coração. Aos domingos eu ia à igreja por uma hora e as outras 167 horas usava para festejar, beber, drogar-me, correr atrás de mulheres".

O resultado foram os abalos no casamento, muito pensamento negativo e até mesmo a vontade de se suicidar. "Eu tentava me desligar da depressão com o trabalho e com minhas posses, mas percebi que apenas preenchia o vazio com carros, roupas, dinheiro e viagens — sem sucesso. O pior momento eram as noites de Natal, uma profunda tristeza me invadia".

Momento de decisão

Em 1991, Chuck estava no auge do sucesso. Ele era o astro das manhãs da rádio: era o gerente da estação, o produtor executivo do time de futebol Minnesota Vickings, além de consultor autônomo. Durante esses anos de muita agitação, porém, o chão faltou sob seus pés. Ele havia se casado de novo com a primeira esposa, com quem tivera duas filhas.

Chuck tinha alcançado o auge do sucesso profissional, mas estava no ponto mais baixo de sua vida pessoal. Os seis últimos meses de 1991 foram os mais solitários de sua vida. Mudou-se de casa para uma cabana, sentia demais a falta da esposa e das filhas.

"Todas as manhãs eu saia para trabalhar e apenas chorava. Tinha um profundo sentimento de perda. Lembro-me de pensar que desperdiçara anos e anos", lamenta. Até que recebeu uma mensagem em uma fria noite de dezembro.

"Estava absolutamente só em minha cabana. Chegara à conclusão de que eu tinha vivido o pecado do egoísmo. E a mesma raiva, alcoolismo e discussão que me fizera um dia correr da casa dos meus pais reapareceram na minha vida, fazendo minha família fugir de mim. Foi quando me lembrei da mensagem que ouvi do pastor aos oito anos".

Ele então se ajoelhou e pediu perdão a Jesus. Disse: "Senhor Jesus, se o Senhor for real, quero que venha para a minha vida. Não sei o que isso significa, mas quero que assuma o controle da minha vida e faça uma mudança em meu coração. Faça o que o Senhor achar que deve ser feito".

Gostaria de poder dizer que algo grande aconteceu naquele exato momento, mas a verdade é que tudo seria um longo processo.

Chuck abandona o passado

Uma das primeiras orações de Chuck a Deus foi: "Senhor, estou desejoso de ir até o fim de mim mesmo, mas o Senhor terá de me guiar". O caminho estava aberto para Deus falar e a primeira mensagem que Chuck recebeu era para ele reconstruir sua família.

Quando reencontrou sua esposa, descobriu que ela estivera orando por ele e estava disposta a dar uma nova chance à união deles. Começaram ambos a se consultar com um conselheiro cristão, iniciando um lento processo de revisão e autodescobertas.

Chuck escutou o Senhor a convidá-lo a abandonar o egoísmo que o impedia de escutar a voz Dele. Deus então lhe pediu para desistir de grande parte de seu primeiro amor, o rádio. Chuck reconheceu que precisava dedicar mais tempo à família. E assim, das quatro funções que tinha na rádio, resolveu ficar apenas com a recepção dos convidados no programa matinal.

"Sentia-me muito vulnerável abrindo mão de meus cargos, porque isso significava desistir do poder — e também abdicar do controle de meu destino". A incerteza logo se tornou uma dura realidade. A emissora contratou um novo diretor de programação, que passou a ser o preferido da estação. A partir daí, Chuck passou a ouvir o sussurro do Senhor: "tenho um plano muito maior para você. Confie em mim". De outro lado, porém, também o Diabo parecia lhe falar: "você não pode fazer isso! Você está jogando tudo fora! Que tolo largaria tudo no auge da carreira? Você nunca mais trabalhará no rádio. Seus amigos vão rir de você".

Em junho de 1994, Chuck Knapp, um locutor de prestígio de Minneapolis, largou seu emprego. Também abandonou o dinheiro e todas as regalias associadas ao trabalho. Pessoalmente, Chuck estava no auge, mas agora desempregado — e sem nenhum trabalho à vista.

Chuck resolveu enviar seu currículo para todas as estações comerciais de rádio. Um dia, ele recebeu um telefonema de um antigo colega, Wayne Pederson, gerente de uma rádio cristã, convidando-o a ser o *DJ* da estação. De novo, o Diabo gritava: "você não pode fazer isso! Você vai se arrebentar. Você e seu passado de álcool, drogas e autodestruição... numa rádio cristã? Você está brincando! Você nem conhece a Bíblia! Quem é você para achar que pode fazer esse trabalho?" E por trás de tudo, veio o sussurro de Deus: "confie em Mim".

E ele orou para que Deus deixasse claro e aquele era o trabalho que Ele queria que Chuck fizesse. Hoje, ele e o pastor Joe Engen comandam um popular programa matinal, voltado para pessoas de 25 a 45 anos.

"Cristo é real!", ele diz. "Agora, tenho muita paz e alegria. Vivo cada dia como se fosse o último, desfrutando minha vida ao máximo. Sou muito abençoado. Tenho minha família de volta. Meu casamento é uma aliança".

Qual a diferença entre os antigos dias de rádio de Chuck e os de agora? Ele pensa um pouco. "Fui chamado de volta ao rádio, mas para servir a Deus e não a mim mesmo. Eu trabalhava para o todo-poderoso dólar e, agora, trabalho para o Todo-Poderoso, o Senhor. Meu trabalho dá esperanças e estímulo ao próximo, é um privilégio escutar Deus claramente e fazer o trabalho que Ele me pede para realizar".

SOLUÇÃO: OUVIR O SUSSURRO DE DEUS

Um dia, minha filha Grace esfolou o joelho. Um incidente que no mundo de uma criança de três anos tem proporções épicas. Enquanto ela chorava de dor, fiz o melhor que pude para dizer-lhe que a pomada e o curativo diminuiriam a dor. Mas ela não queria saber de nada e gritava: "não mexe nele!", enquanto fugia de mim. Eu fui atrás, tentando falar com ela. Notei que quanto mais tentava alcançá-la, mais Grace corria.

Então, eu desisti e disse: "quando você estiver pronta, venha até mim que eu faço o curativo". Após alguns minutos, ela acalmou-se, aproximou-se e disse: "paizinho, agora você pode me ajudar?"

Nossa relação de amor com o Pai Celestial é idêntica. Deus quer o que é melhor para nós. Ele nos segue e tenta se comunicar conosco, mas, às vezes, estamos tão imersos em nosso medo, dor e atribuições que somos incapazes — ou nos recusamos — a escutá-lo. Ele, amoroso, continua a nos aguardar, sempre com os braços abertos para nos receber, esperando que supliquemos por ajuda. Como diz um antigo provérbio chinês: "quando o aluno estiver pronto, o mestre aparecerá". Embora nunca possamos controlar como e quando Deus falará, nós certamente podemos preparar nossos corações e mentes para escutar a voz de Deus.

Deus nos fala de muitas maneiras, incluindo circunstâncias, orações, pessoas e a Bíblia. Seu tom varia de um chamado convincente ao mais suave sussurro. Seu jeito de falar não é algo que se prevê, pois Ele fala em Seus termos, em Sua hora, de Sua maneira. Porque sabe o que é melhor para nós, nós apenas precisamos confiar que Sua maneira de comunicar-se conosco é a melhor possível.

Deus tem se comunicado comigo da maneira mais imprevisível. Quando iniciei minha relação pessoal com Cristo, Ele veio rapidamente em meu resgate. Anos depois, já como um cristão maduro, senti que estava fazendo tudo certo para que Deus falasse comigo. Lia a Bíblia diariamente, orava, fazia "as coisas certas" e atendia ao meu chamado. Mesmo assim, passei um longo período caminhando no deserto. Senti-me abandonado. Fiz todo o possível para escutar Sua voz, mas tudo que escutava era um silêncio ensurdecedor.

Aprendi que Deus sabe quando e o que eu tenho de ouvir. Eu precisava apoiar-me Nele, não em métodos ou bom comportamento. Outras vezes, recebia clara orientação para mudar minhas prioridades a fim de iniciar um outro projeto imediatamente. Em outro período, aguardava a voz de Deus enquanto pequenos sinais eram revelados a mim de uma maneira muito lenta, um pedaço de cada vez.

Não deveríamos criar uma fórmula ou dez passos para escutar a voz divina. Podemos e devemos, porém, fazer todo o possível para prepararmos nosso coração e mente para ouvir Sua voz e atender ao Seu chamado.

Paralisia da vida diária

Fiz uma consultoria para o CEO de uma organização multinacional, que amava a Deus e queria desesperadamente ouvir a Sua voz. Mas ele era sufocado por avalanches de atividade. Do início da manhã até tarde da noite, seu dia era preenchido por encontros, reuniões, viagens, atividades intensas e muita papelada. Conversamos sobre como ele poderia integrar a sabedoria divina com suas decisões. Ele virou-se para mim e disse: "Larry, eu adoraria buscar a orientação de Deus, mas sou muito ocupado!"

Podemos não ter todas as responsabilidades de um CEO, mas todos nós sabemos como nosso dia pode ser tumultuado pelas demandas da vida. Da hora em que acordamos até o momento que vamos para a cama, somos bombardeados por coisas que nos impedem de ouvir a palavra de Deus.

O primeiro passo para preparar nossos corações e mentes é justamente reconhecer os obstáculos que nos impedem de ouvir a voz de Deus. Essa interferência inclui as expectativas da sociedade, nosso passado e nossas crenças a respeito de nós mesmos.

Expectativas e definições sociais

Cada sociedade submete seus cidadãos a uma série de normas e expectativas de vida. Nosso país e nossos locais de trabalho têm culturas distintas. Explícitas ou não, boas ou ruins, as mensagens de nossa cultura nos são enviadas de formas sutis. Dizem-nos como viver, no que acreditar, como sermos promovidos, como perder peso, como sermos amados, como enriquecer, como encontrar a paz e daí por diante.

O problema não é o fato de essas mensagens serem boas ou más, mas de bombardearem nossas mentes até o ponto da exaustão. Tudo isso nos impede de ouvir a voz de Deus. Assim, quando Deus nos fala, é como se Ele tivesse que pegar uma senha e entrar em uma fila longa para conseguir o mínimo de nossa atenção.

MOLDADOS PELO PASSADO

Minha esposa Sherri e eu temos histórias profissionais diferentes. Ela tem uma visão intrinsecamente positiva do trabalho e da liderança baseada em sua experiência. Sherri trabalhou para os líderes que admirava em escritórios muito bem-sucedidos. Eu, por outro lado, trabalhei em meio à política do ganhar-ou-perder da lei da competitividade exacerbada, com líderes antiéticos, agendas secretas e caixas dois, jogando o jogo da sobrevivência dos mais aptos.

> *"Você nunca navegará com seu navio nos mares do futuro, com paz e alegria, se a sua âncora estiver presa na lama do passado."*
> (Dr. James Merritt, pastor de igreja em Atlanta, Estados Unidos)

Aprendi que você destrói seus competidores ou é destruído por eles. Desnecessário dizer que minha concepção de trabalho era um bocado negativa.

Nossas respectivas crenças estão enraizadas em nosso passado. Percebo que enquanto a abordagem de uma situação é tipicamente positiva para Sherri, a minha é quase sempre negativa. Determinamos nossa realidade presente baseados em nossas crenças passadas.

Nossas crenças sobre nós mesmos

Quando se trata de ouvir a voz do Senhor, nós mesmos podemos ser nosso pior inimigo. Já não bastasse sermos subestimados por outras pessoas, em geral fazemos a mesma coisa conosco: nós nos subestimamos.

Muitas vezes, nosso senso crítico nos condena. Diz que não estamos à altura, que não temos o que é preciso para ser bem-sucedido e não somos dignos do amor de Deus. O eco de nossos medos, inseguranças, dúvidas, orgulho e egos dominam de tal forma nossos pensamentos que nos ensurdece para o grito ou a voz sutil de Deus.

Muitos de nós nos enganamos assim, pois nossas crenças a nosso respeito são baseadas nas mentiras do Diabo, não na verdade divina.

Chuck Knapp sabe muito bem o que é ser enganado. Ele foi vítima de violência na infância, o que o fez se tornar um *workaholic* egoísta. Independentemente de seu passado, ele era o responsável por sua vida: fez as escolhas que o levaram a uma série de fracassos pessoais. O Diabo explorou cada uma das fraquezas de Chuck para afastá-lo da verdade. Ele precisou de uma decisão de vida ou morte em uma noite fria e solitária de dezembro para que pudesse responder ao chamado amoroso de Deus.

Precisamos aprender a silenciar todas as vozes, exceto a voz de Deus. Temos que reconhecer as mentiras e exterminá-las uma a uma. E então, com a ajuda de Deus, poderemos nos focar Nele e em Seus caminhos.

Postura de entrega: permita a Deus examinar seu coração

No mundo dos negócios, aprendemos que o sucesso é muitas vezes algo externo: títulos, realizações, projetos, exibicionismo. O termo *cover-up*, que significa encobrir, tornou-se popular hoje por causa dos grandes escândalos empresariais. A prática de encobrir a verdade está enraizada na cultura financeira.

Desde que me tornei um consultor, atuei como facilitador em vários *workshops* de planejamento estratégico, programas de lideranças e várias atividades de criação com equipes de trabalho. Fui consultor de uma variedade de líderes financeiros. Um tema prevalece nessa área: aparentemente, dizemos que queremos transparência nos negócios, mas a realidade é outra história.

> *"O SENHOR, contudo, disse a Samuel: 'Não considere sua aparência nem sua altura, pois eu o resgatei. O SENHOR não vê como o homem: o homem vê a aparência, mas o SENHOR vê o coração."*
> (1Samuel 16.7)

Os negócios, grandes ou pequenos, são comandados por um regra não-oficial: nunca mostre suas fraquezas, porque senão pagará um preço por isso. Muitos anos atrás, atuando como diretor de marketing de um grande hotel, eu era responsável pelo envio periódico de relatórios de crescimento aos proprietários.

Embora eu não mentisse diretamente, eu também não revelava a verdade. Eu havia sido treinado para interpretar positivamente certos fatos e evitar revelar outros "menos positivos". Mas dois grandes problemas surgiram: primeiro, líderes são treinados para encobrir em vez de expor as situações dolorosas. Segundo, como nunca tratamos diretamente das causas básicas, nunca conseguimos resolver os problemas. Em geral, não somos sinceros porque não queremos mostrar-nos vulneráveis. É irônico que, embora saibamos que revelar a verdade é crucial para o progresso, nos recusamos a mostrar nossos erros ou somos fracos em determinadas áreas.

Se realmente quisermos construir uma relação genuína com Deus, precisamos começar a revelar nossos corações. Não há para onde fugir ou como encobrir-se. Para escutar a voz de Deus temos que fazer um inventário honesto de quem somos nós.

Postura de controle: três transformações

Muitos anos atrás, eu tive o privilégio de trabalhar com uma equipe da chefia de enfermagem da maior autoridade da assistência médica cardiovascular. Um dos membros da equipe revelou-me um fato impressionante: contou-me que conservar em bom estado o coração pode salvar a vida de alguém, mas apenas temporariamente. Ela me disse: "podemos reparar o coração, mas não podemos mudar o comportamento nem o ambiente da pessoa". Com o tempo, muitos pacientes retornam aos hábitos adquiridos, os quais contribuíram para enfraquecer sua saúde. E retornam também aos velhos hábitos alimentares nefastos assim como ao ambiente que os perpetua. Acredito que o mesmo ocorra com nossos corações espirituais.

Por Seu amor infinito por nós, Deus nos deu um novo coração para nos guiar em Sua verdade. Por intermédio desse coração, Deus nos dá o poder e a habilidade de escutar a Sua orientação e superar qualquer obstáculo. Deus não nos dá um novo coração para que continuemos a viver antigos modelos de vida, mas para que vejamos por intermédio da decepção, possamos escolher a coisa certa e encontrar nosso caminho na vida.

Como em qualquer boa relação, nossa relação com o Senhor é uma via de mão dupla. Ele nos dá os dons necessários para sermos bem-sucedidos neste mundo, mas precisamos fazer a nossa parte. Deus não vai movimentar nossos braços para que façamos a Sua vontade, Ele nos dá a escolha.

Um coração e uma mente que são alimentados todos os dias crescem fortes e saudáveis. O único meio de nutrir seu coração e sua mente é utilizá-los. As três transformações explicadas a seguir trabalham juntas para ajudar você a ouvir a voz do Senhor.

Transformação 1: De um coração enganado para um coração que sabe discernir

Por nossa própria natureza, nosso coração é incapaz de tomar decisões sensatas. Ele está cheio de preconceitos, egoísmo, crenças errôneas, emoções e agendas pessoais. E, então, adicionamos pressão diária e exigências a essa mistura. Fazemos maus julgamentos porque nosso coração está baseado em nossos preconceitos e não na sabedoria de Deus.

Como diretor de marketing e vendas, acreditava que meu valor na vida era medido pelo que eu produzia. Eu também relacionava dinheiro com segurança. Quando fui despedido, me senti inútil, sem nenhum valor. Em vez de aproveitar a ocasião para avaliar se eu não estava na carreira errada, foquei-me em conseguir um novo trabalho. Temia perder a segurança do holerite. Eu acreditava piamente que era um ótimo líder e estava tomando as decisões acertadas. Possuía metas definidas e sabia o que era o sucesso. Na verdade, estava enganando a mim mesmo.

"Dê, pois, a seu servo, um coração obediente para governar seu povo e discernir entre o bem e o mal. Do contrário, quem poderá governar esse seu povo tão numeroso?". Esse pedido de Salomão agradou ao Senhor. Deus disse a Salomão: "já que pediste estes dons e não longos anos de vida para você, nem riquezas, nem a morte de teus inimigos, mas, sim, sabedoria para praticar a justiça, vou satisfazer o seu pedido. Dou-lhe um coração sábio e inteligente" (1Reis 3.9-12).

Acredito que essa passagem da Bíblia reflita os fundamentos da liderança efetiva dos dias atuais. Um coração que sabe discernir é um presente de Deus. É o Espírito Santo em nós, ensinando e guiando-nos, conduzindo e protegendo-nos. Este talvez seja um dos presentes mais práticos para os executivos de hoje. Um coração que saiba distinguir, para ajudar-nos a tomar as decisões certas em um ambiente de negócios sempre mutável. Ele atua como um filtro que retira impurezas que maculam nossas tomadas de decisão.

Transformação 2: De uma mente conformada à renovação

Você alguma vez notou que, quando defendemos nossa individualidade e independência, mudamos de atitude e adequamo-nos às expectativas da nossa cultura? Definimos o conceito de sucesso em função da nossa vizinhança e do carro que dirigimos. Adequamos nossos corpos às ridículas proporções das modelos que a indústria lança como padrão de beleza. Assistimos a programas de televisão que retratam a vida familiar sob o mais baixo dos padrões — vemos tudo isso e achamos aceitável.

> *"Não se amoldem ao padrão deste mundo, mas transformem-se pela renovação da sua mente."*
> (Romanos 12:2)

No trabalho, nós adequamos nossas crenças e comportamentos a conceitos como "quem manda é a lei da competitividade", "seja bem-sucedido", "trabalhe duro e jogue duro também", "faça sacrifícios agora e aposente-se cedo".

As mensagens que definem essa cultura executiva são quase intermináveis, ressaltando que, para ser um jogador "que faz parte da equipe", precisamos nos adequar a essa cultura.

Quando iniciei minha carreira de assistente de vendas corporativo, algumas regras enraizaram-se em mim:

- Sucesso é um jogo de números. Quanto mais clientes você visita, maiores as vendas.
- Trabalhe longos períodos.
- Um cliente significa dinheiro.

Por décadas, minha mente jovem se conformou com esse tipo de pensamento. Enquanto ele beneficiava as companhias para quem eu trabalhava, eu ganhei muitos problemas e alguns sonhos despedaçados. Embora eu tenha amadurecido, demorou anos para acabar com algumas dessas crenças. Até hoje, me pego brigando com os hábitos mais idiotas. Por exemplo, quando minha filha tinha dois anos, minha esposa ficou doente e não podia levá-la para a escola. Sugeriu que eu a levasse, mas minha reação imediata foi exclamar: "Eu não posso! O período das dez às onze horas é quando faço as vendas mais importantes!". E fui para o escritório trabalhar. Hoje, como consultor e orador independente, tenho horários flexíveis. Antes, minha mente me dizia que eu devia ser rígido com meus horários. Mas depois de um tempo de reflexão, perguntei-me: "por que não?" E descobriria com o tempo que ficar longe do escritório, para me ocupar de minha filha, seria um dos pontos altos do dia: brincar com doze crianças de dois anos é uma alegria, algo muito útil e revelador.

Mais importante ainda é descobrir que viver com uma mente condicionada pode ser seguro, mas nos mantém no caminho da mediocridade. Afastados do potencial ilimitado que Deus colocou em nós. Enquanto nos condicionamos e nos adequamos às expectativas do mundo, não apenas perdemos oportunidades para crescer, como também perdemos as alegrias do caminho.

Lembro-me que era fim de inverno em Minnesota e eu estava animado com a experiência do meu primeiro retiro silencioso. Dirigi por uma hora e meia e cheguei a um centro de retiros especial: dezesseis habitações isoladas para que as pessoas ficassem a sós com Deus. Cada espaço continha uma cama, cadeira de balanço e uma janela panorâmica, com a vista para a floresta e um rio congelado ao fundo. Recebi uma cesta de pães, queijo e frutas. Quando o sol começou a se pôr sobre a floresta coberta de neve, eu estava pronto para começar meu retiro.

Até então, minha vida tinha sido tomada por compromissos como palestras, reuniões, atividades familiares e mil outros itens sempre por fazer. Agora eu estava pronto para deixar de lado a correria da vida e dar atenção integral a Deus. Aquietei-me, li minha Bíblia e então jantei uma sopa com pão à luz de velas.

De repente, a escuridão passou a permear a floresta e meu quarto. E foi aí que algo interessante aconteceu. Estava muito escuro para ler a Bíblia, pois a vela pequena emitia pouca luz. E eu então disse algo como: "bem, Senhor, aqui estou. Fale comigo". Eu estava pronto para estar a sós com Deus, mas não conseguia aquietar minha mente. Meu coração estava no lugar certo, mas não minha mente.

No dia seguinte levantei-me às 7h, descansado e pronto para passar meu dia com o Senhor. Sentei-me na cadeira de balanço e olhei pela janela, notando que a manhã estava nublada. Lembrei-me das manhãs de sábado da minha infância. Senti a antecipação da neve explodindo das nuvens e cobrindo-me como um pó branco fino. Essa sensação aqueceu meu coração e minha alma e pude sentir que alguma coisa boa iria acontecer.

Quando peguei a fatia redonda de pão do campo, algo inesquecível aconteceu. Escutei a voz inaudível de Jesus dizendo: "*Isto é o meu corpo, que é dado em favor de vocês; façam isto em memória de mim.*" Foi um dos momentos mais íntimos com Deus que pude vivenciar. Naquele momento, Deus me fez dar mais importância às minhas orações antes das refeições, algo que no passado fazia sempre com muita pressa. Por um lapso de tempo, esse encontro com Deus falou alto em meu coração.

Meu retiro seguiu com outros prolongados momentos de intimidade e quietude com Deus. Fazendo um balanço mais tarde, comparei minhas metas para o retiro com o que vivenciei. Revendo minhas metas, eu escrevera: "espero que Deus responda minhas questões e me dê clareza e orientação com respeito a esses assuntos".

Não consegui o que esperava. O que eu queria era uma experiência que incluiria um plano estratégico de negócios para os três próximos anos. O que recebi foi sua voz, sob a forma de vários momentos de intimidade. No fim, a mensagem de Deus para mim era: "*vou revelar Meu plano para você, mas um momento de cada vez, um dia de cada vez*".

Embora meu coração estivesse no lugar certo, minha mente estava em outro lugar. Minha expectativa era me apressar e chegar a Deus e, então, em um instante, alguma impressionante revelação seria desvendada. Queria um plano estratégico de três anos, completo, com planos de ação imediata e cumprimento de prazos. Esse era o pensamento defeituoso de uma mente adequada a trinta anos de prática profissional.

Logo descobri que uma mente renovada é mais parecida com um interruptor que regula a intensidade da iluminação. É um processo diário de aprendizagem. Jesus não é um guru de negócios.

Transformação 3: Siga o que ouvir

Um amigo, certa vez, me disse que eu sofria de "paralisia da análise". Admito que tenho tendência a analisar excessivamente tudo, até chegar ao ponto de ficar paralisado. Também confesso que faço isso tentando descobrir a vontade de Deus.

Às vezes, nós simplesmente precisamos cumprir aquilo que escutamos. Escutar a voz de Deus não é um fato isolado e único, ao contrário: é parte de uma relação. Quanto mais você caminha com Deus, melhor será a Sua comunicação com Ele.

A lição da história de Chuck Knapp não é tanto sobre Deus ter falado com ele, mas sobre Chuck ter seguido o que Deus lhe disse. De uma perspectiva mundana, o chamado de Deus vai contra a estrutura da lógica dos negócios. Ele pediu a Chuck que se afastasse de um trabalho bem-sucedido e muito bem pago sem que tivesse outro trabalho em vista. Mas ele sabia, em seu coração sábio e em sua mente renovada, que essa era a coisa certa a fazer. Ele simplesmente obedeceu ao chamado de Deus.

A resposta obediente de Chuck à voz de Deus foi o primeiro de muitos passos para ele cumprir a sua parte. Estabeleceu um precedente em reconstruir uma vida nova. Após deixar o rádio no auge do sucesso profissional, ele continuou a obedecer a Deus, apesar dos obstáculos. Hoje, Chuck Knapp desfruta de sua vida pessoal e profissional porque desenvolveu a habilidade de escutar Deus, e, mais importante, de seguir tudo o que ouve.

Conclusão

Pode parecer que o que eu digo seja ridículo. Afinal, estou pedindo para você expor sua fraqueza e desnudar sua alma, para não confiar em seu coração e mente, mas dar uma grande prova de fé em seguir aquilo que Deus diz, mesmo que pareça absolutamente ilógico.

Considero-me um sujeito de visão ampla. Talvez por isso eu passe uma parte substancial de meu tempo ajudando as organizações em seus planejamentos estratégicos. Quando fui para o retiro, meu plano era sair de lá com um plano estratégico para três anos. Quando o Senhor falou comigo e disse que revelaria Seu plano, um dia de cada vez, fiquei perturbado. Estava procurando esclarecimentos e orientação de Deus. Mas para ser honesto comigo mesmo, lá no fundo eu procurava por conforto e afirmação de que estava fazendo a vontade de Deus. Eu queria ter certeza.

> *"Um vislumbre do próximo metro de estrada é mais útil e importante do que a vista do horizonte."*
> (C.S. Lewis)

Agora sei por que Deus me disse que revelaria Seu plano aos poucos.

No filme "Questão de Honra", de 1992, o ator Jack Nicholson interpreta um coronel do Exército que está sendo interrogado. Em uma das cenas, no clímax do suspense, ele grita para a jovem advogada: "você quer a verdade? Você não conseguiria saber da verdade!"

Teria eu conseguido lidar com a verdade lá em 1989, quando pela primeira vez perguntei a Deus sobre o meu futuro? Teria conseguido lidar se tivesse ouvido estas palavras de Deus: "ok, Larry. O que vai acontecer é o seguinte: primeiro você será despedido novamente. Em seguida, você atravessará os anos com uma terrível dor nas costas, se divorciará e ficará devastado. Daí, você encontrará Jesus Cristo e ele mudará completamente sua vida. Você irá atuar como consultor e descobrirá como as pessoas têm dificuldades para conciliar seu trabalho com sua fé. Você se casará de novo e começará uma nova família, mas não vai ser fácil. Vai levar um bom tempo para ter filhos, você e sua nova esposa irão passar por dois abortos espontâneos e muito dolorosos. Vou dizer para você escrever um livro, você lutará durante sete anos, mas persistirá. Como resultado, você irá se consultar com outros sobre integração de fé e trabalho. No geral, vai experimentar muitas alegrias, mas também vai enfrentar muitas dificuldades".

Uau! Informações demais! De fato, se eu tivesse realmente escutado tudo isso de Deus, eu provavelmente não teria escolhido o caminho que o Senhor havia preparado para mim. Teria tentado negociar um caminho diferente. Teria dito: "bem, Senhor, gostei da parte sobre alegria, mas não podemos eliminar a parte ruim?"

O Senhor sabe o que é melhor para você. As três transformações apresentadas vão lhe ajudar a ouvir melhor a voz de Deus, de maneira que você consiga se aproximar cada vez mais Dele. E, enquanto você se aproxima, vai aprender a escutar Seu chamado, até mesmo o mais inaudível sussurro. Escutar a voz de Deus será uma parte natural de sua vida diária.

Como seu coração, mente e alma trabalham juntos e em parceria com o Senhor, você será recompensado por seus esforços. Confie Nele e confie no processo. Independente de quanto tempo levar.

APLICAÇÕES PRÁTICAS

Temos nossas próprias maneiras de nos comunicarmos com Deus. Uma das melhores maneiras que descobri foi por meio de um diário. Escrevo cartas pessoais para Deus, compartilhando meus sonhos, planos e desafios. É um processo muito útil, pois força-me a purificar meus motivos e esclarecer os pensamentos. É também um exercício deliberado que me ajuda a atravessar todas as distrações do dia-a-dia. Por último, tem sido revelador olhar para o passado e ver como Deus respondeu minhas cartas.

Durante as aplicações práticas a seguir, você pode fazer os exercícios 1 e 2, como se fossem duas entradas consecutivas do seu diário. Será muito interessante, daqui a cinco anos, reler de novo o que você identificou na época e ver o quanto a sua relação com Deus terá mudada.

O exercício 3, no entanto, é mais uma prática diária do que um exercício imediato. Um diário regular ajuda a manter revigorada a comunicação de mão dupla. A periodicidade é você quem decide, faça o que funcionar melhor para você. Independentemente do veículo a ser utilizado, mantenha as linhas de comunicação abertas e você certamente escutará a voz de Deus.

Exercício 1: Derrubar os obstáculos para ouvir a voz de Deus

Em 1994, recebi a bênção de encontrar Sherri, uma mulher maravilhosa e devotada. Apaixonamo-nos e logo nos casamos. Nossa decisão de viver na casa dela significava que ambos precisávamos eliminar o excesso de bens. Tive que passar por um exercício doloroso: rever o equivalente a trinta anos guardados em velhas caixas de papel, para decidir o que manter e o que descartar. Criei três pilhas, que classifiquei como "manter", "lixo" e "falar com Sherri".

A caixa 1 continha material de negócios da época em que eu tinha 23 anos e era um *trainee* corporativo. Tive que rir. Achando que a caixa continha algum valor, eu a carregara para cima e para baixo durante mais de vinte anos. Por mais ridículo que pareça, senti-me inseguro em me livrar dela. Na verdade, tratava-se de um peso morto. Tomei a decisão de jogar fora a minha velha caixa por amor à minha esposa Sherri. Ela merecia tudo de mim, o que incluía despachar as bagagens do passado.

Revendo essa decisão, enquanto percebo que a tomei por amor a Sherri, também vejo que fui eu quem realmente saiu ganhando. Nosso precioso espaço hoje está ocupado por duas crianças e seus brinquedos.

Portanto, quanto mais peso morto e lixo você retirar de seus pensamentos e crenças, mais espaço você terá para escutar a Deus.

Eu gostaria que você separasse metodicamente sua "papelada" e as categorizasse em quatro caixas. Você precisará de um diário em branco. A meta deste exercício é identificar pensamentos inúteis, crenças, expectativas e obstáculos que impedem você de escutar claramente a voz de Deus.

Caixa 1: Falsas expectativas

Identifique as mensagens e crenças que bombardeiam sua mente no dia-a-dia. Para isso, sugiro que avalie áreas como:

- Trabalho
- Família
- Religião
- Televisão
- Rádio
- Internet

Pergunte-se:

- Quais são as mensagens básicas que eu escuto?
- Elas acrescentam valor à minha vida?
- São verdadeiras?
- Mais importante: eu acredito que elas são verdadeiras?
- Quanto dessa informação é vontade de Deus?

Ao final do exercício, escreva as mensagens que você identifica como as que recebem sua atenção, mas têm pouco ou nenhum valor.

Caixa 2: Seu passado

Faça um inventário de sua vida. Pode ser útil separá-lo nas seguintes categorias: (a) da infância aos 18 anos de idade, (b) da pós-educação secundária até o início da vida adulta, (c) o início de carreira e vida em família, e (d) os últimos dez anos.

Reveja pessoas, incidentes, culturas e ambientes em cada segmento de seu tempo. Identifique quem e o que moldou seus valores e crenças. Reflita sobre como cada um desses valores influencia a sua definição de:

- Trabalho e carreira
- Família
- Fracasso
- Papel de Deus na sua vida
- Equilíbrio entre trabalho e família
- Sucesso
- Papel de Deus em seu trabalho

Pergunte-se e responda:

- Como as minhas crenças do passado afetam meu pensamento atual? Positiva ou negativamente?
- Onde o meu atual pensamento é negativo, quais as crenças do passado que tenho que eliminar ou mudar?

Agora, identifique e relacione quaisquer crenças que impeçam você de ouvir a palavra de Deus.

Caixa 3: Suas crenças sobre você mesmo

Faça uma tentativa deliberada para identificar o "crítico interno" que existe dentro de sua mente e de seu coração. Identifique e relacione medos, inseguranças, dúvidas ou crenças de culpa.

Caixa 4: Obstáculos que impedem de ouvir a voz de Deus

Os obstáculos mais comuns que impedem de se escutar a voz do Senhor estão relacionados aqui. Identifique quais dos obstáculos a seguir você reconhece em sua vida.

1. Não conhecemos Deus porque não temos uma relação pessoal e íntima com Jesus Cristo ou porque nunca lemos a Bíblia.
2. Temos medo de encontrar Deus porque temos perder o controle. Ele pode nos chamar para um lugar que não queremos ir ou pedir-nos para fazer algo que não queremos fazer.
3. Estamos distraídos por causa das urgências da vida, escutando aqueles que exigem nossa atenção em vez de ouvir a Deus, que aguarda paciente e calmamente.
4. Deus aparece em horas inconvenientes. Oramos quando é conveniente, quase sempre estamos indisponíveis.
5. Não acreditamos totalmente em Suas promessas. Ele promete estar conosco, mas temos medo de assumir riscos.
6. Nós temos memória curta e esquecemos as vezes em que Ele cumpriu Suas promessas.
7. Não esperamos que Deus fale. Temos prazos a cumprir e metas a atingir. Seguimos em frente baseados na impaciência em vez de esperar para ouvir a sabedoria Divina.

8. Estamos muito ocupados fazendo boas coisas. Como declarava Oswald Chambers: "o bom é inimigo do melhor". Embora boas, a maioria das coisas com que preenchemos nossos dias e nossa vida nos impedem de ouvir e fazer a vontade do Senhor.
9. Não estamos dispostos a fazer sacrifícios para segui-lo. Jesus nos pede um compromisso de tempo integral, não uma busca temporária. Por isso, muitos ouviram Deus, mas escolheram não segui-Lo.
10. Não estamos dispostos a desistir de nossos ídolos. Amamos o Senhor e nos propomos a dar-Lhe 99% do que somos, mas não estamos dispostos a desistir do 1% restante.
11. Se falharmos em confessar nossos pecados e pedir perdão ou se formos incapazes de perdoar a nós mesmos ou ao próximo, o resultado será idêntico: corações e ouvidos endurecidos para ouvir a voz de Deus.

Exercício 2: Permitir que Deus examine seu coração

Separe um momento tranquilo para ficar a sós com Deus. Traga cada um dos obstáculos identificados no exercício anterior e que impedem você de escutar a voz Dele. Medite sobre o Salmo 139. Em oração, diga a Deus o que você acredita serem os seus principais obstáculos para não ouvir a voz Dele. Com suas próprias palavras, peça a Deus para revelar qualquer outra coisa que lhe atrapalhe. Para os obstáculos mais desafiadores, peça a ajuda de Deus. Em uma carta pessoal a Deus, peça-Lhe para *examinar* seu coração e ajudá-lo a escutar melhor a voz Dele.

Exercício 3: Transformação diária

Escutar a voz de Deus é uma prática diária. A seguir, proponho um programa simples para esse exercício.

1. Despertar – Revelar a Verdade
2. Apreciar – Ter um coração que saiba discernir
3. Adaptabilidade – Renovar a mente
4. Ação – Obedecer a Deus

Despertar – Quando você permite que Deus examine seu coração, você revela a verdade. Quando você revela a verdade, você desperta o Espírito Santo em você. A cada manhã, enquanto toma um banho ou uma xícara de café, peça ao Espírito Santo clareza e direção para lhe guiar em seu atribulado dia.

Apreciar – Apreciar é o resultado de um coração que sabe discernir. É a habilidade de ver Deus nas circunstâncias e nas pessoas do dia-a-dia. Faça disso uma prática diária, não apenas para reconhecer Deus nas circunstâncias e agradecê-Lo, mas para ver o melhor das pessoas e agradecê-las. Mostrar apreciação é um ingrediente essencial para o sucesso pessoal e profissional. Pratique tanto quanto puder.

Adaptabilidade – A chave para uma mente renovada é a adaptabilidade. Trata-se da habilidade de mudar seu pensamento antigo e errôneo para o *pensar* de Deus. Enquanto você pratica o "pensar como Deus pensa", você será capaz de ouvir a Sua voz e programar seu dia de forma adequada. Mude seu pensamento, checando vinte itens da sua agenda diária. Em vez de ficar contrariado pelas guinadas e voltas que mexem com o seu planejamento diário, integre-os como parte do Plano de Deus.

Ação – A melhor maneira de ouvir a voz do Senhor é realizar a tarefa que está à sua frente. Se você convidou Deus para participar de seu dia, tentou se alinhar com a vontade Dele e avançou com seu coração e mente puras, então, é bastante provável que você esteja na vontade Dele. Se você não estiver, ele fará com que você saiba. Na economia de Deus, agir não é o mesmo que ter um monte de atividades, é fazer a coisa certa.

GUIA DE DISCUSSÃO

1. O que pensa sobre a decisão de Chuck Knapp de deixar seu emprego no auge da carreira?
2. Você aceitaria o mesmo risco se Deus pedisse para você deixar seu emprego sem ter outro em vista? Explique.
3. De que maneira seu trabalho e carreira funcionam como distração para não escutar a voz de Deus?

4. Há papéis, atividades e/ou responsabilidades que você precisa dispensar no trabalho?
5. Descreva e discuta por que tantas expectativas sociais ou profissionais podem servir como distração para não se ouvir a voz divina.
6. Descreva como você se prepara para escutar Deus em um dia movimentado.
7. Dê exemplos específicos de como Deus falou com você.
8. Como você respondeu à voz de Deus? Como você atendeu e cumpriu (ou não) o Seu chamado?
9. (Opcional) Se você se sente confortável, por favor, exponha as distrações básicas que impedem você de ouvir a voz do Senhor (dos exercícios das aplicações práticas). Para esta questão, avalie se é apropriado ou não permanecer em um grupo grande, ou, para mais intimidade e conforto, talvez seja melhor dividir esse grupo em pares ou trios.

Capítulo 6

Superar o medo e as preocupações para descobrir a paz

Quando estava na faculdade, minha namorada e eu fomos com amigos fazer bóia-cross em um maravilhoso rio de Michigan. O cenário era absolutamente perfeito, fazia calor e a correnteza era tranquila.

Assim que nos lançamos ao rio, minha namorada parecia um pouco ansiosa. Perguntei o que acontecia e ela me explicou que dois anos antes, no mesmo passeio, sua bóia virara e ela ficara com a cabeça submersa por alguns segundos. Escutei-a e confortei-a dizendo que desta vez seríamos mais cuidadosos.

Tão logo começamos a flutuar na correnteza, minha namorada começou a recordar o incidente, falando sem parar. Tentei distraí-la, mas ela foi ríspida comigo, dizendo que naquela ocasião quase tinha se afogado.

Decidi respeitar o medo dela e deixá-la falar. Ela se manteve aflita o passeio inteiro. Seu medo acabou por estragar um lindo dia.

Ao chegar ao ponto próximo ao incidente, não conseguimos evitar a correnteza e, de repente, minha namorada estava revivendo o mesmo episódio, com as pernas para cima e a cabeça sob a água. Ela acabou saindo ilesa, mas esbravejando: "eu não disse? Aconteceu de novo!"

Quando reflito sobre aquele dia, percebo que o incidente foi bastante triste. A mente da minha namorada estava totalmente focada naquilo que ela queria tanto evitar. Isso dominou seus pensamentos e bloqueou a beleza e a aventura do dia. As preocupações dela atrapalharam sua relação com os amigos e arruinou o que poderia ter sido um dia maravilhoso.

É difícil para mim não fazer uma analogia disso com a vida das pessoas. Descemos o rio da vida como se fosse um grande passeio. Mas nos preocupamos com todas as curvas ainda por vir, deixando de vislumbrar o que está na nossa frente. Assim, muitas vezes, ao invés de nos arriscarmos nas turbulentas águas das corredeiras que são parte da vida, escolhemos nos manter nas águas represadas de lugar nenhum. Procuramos em vão encontrar paz na segurança das águas paradas. Isso porque estamos ocupados demais tentando jogar sem nos arriscar.

PROBLEMA: OPTAR PELA PREOCUPAÇÃO

Surpreendo-me com a perfeição com que Deus criou todas as criaturas vivas para sobreviverem a um mundo perigoso. Todas são dotadas de mecanismos de defesa. Um animal recebe uma carapaça para protegê-lo de predadores. Outro tem a pele camuflada, enquanto outro ainda recebe olhos que podem enxergar longe.

Da mesma maneira, recebemos instintos para proteger-nos de grandes ameaças. No seu mais puro sentido, medo é um presente de Deus para nos auxiliar a sobreviver. Medo é um sentimento natural do perigo iminente. Fornece valiosos avisos e nos guia por intermédio de situações potencialmente ameaçadoras. Uma moça é cuidadosa quando anda sozinha à noite. Homens sentem dores no peito e procuram fazer um *check-up*. Medo é um bom presente de Deus.

> *"Na tempestade, o homem sábio ora a Deus, não para proteger-se do perigo, mas para libertar-se do medo. É a tempestade interior que o expõe ao perigo, não a exterior".* (Ralph Waldo Emerson)

Mas, temos tendência a transformar um medo útil em um medo devastador. A mesma moça que é cuidadosa quando passeia à noite pode escolher isolar-se totalmente do mundo. O homem que sente dores no peito pode se tornar um hipocondríaco e viver o resto da vida achando que morrerá a qualquer instante.

Mais frustrante ainda é o fato de nos ludibriarmos para nos prejudicar. Isso ocorre quando nossos medos e preocupações tornam-se ferimentos auto-infligidos. Desse modo, nossa mente acaba por apanhar todas as circunstâncias do dia-a-dia, de pouco ou nenhum perigo, e transformá-las em um cenário de situações caóticas de vida ou morte.

Agindo assim, nós estamos optando por nos preocupar, embora só procurássemos evitar a dor e o sofrimento. Resultado: paradoxalmente, acabamos por atormentarmos a nós mesmos — e sofremos por isso.

Naquele passeio da época de faculdade, minha namorada transformou um lindo dia de sol em um temporal, com trovões de preocupação, relâmpagos de ansiedade e temores descontrolados. Na verdade, não havia perigo real nenhum naquele rio. Ao contrário, a tempestade dentro dela, sim, era uma ameaça. O estresse criado pelo medo e pelas preocupações cobrou um preço espiritual, mental e físico muito alto.

Embora existam muitos perigos no mundo, preocupação e medo são os verdadeiros assassinos ocultos em nossa vida diária. Roubam-nos de nossa paixão, diminuem nosso entusiasmo pela vida e drenam nossas forças.

Medo e preocupação podem nos machucar fisicamente. Pior de tudo, o medo e a preocupação nos impedem de desfrutar a vida na totalidade que Deus nos deu. Eles retardam nosso potencial dado pelo Senhor. Ansiedade é como areia sendo despejada no plano perfeito de Deus para nós. Ela cria tensão onde não há necessidade.

Preocupação no local de trabalho: o elefante na sala de reuniões

Fui o facilitador de um *workshop* para diretores em Detroit, Michigan. A meta do encontro era estimular os executivos a assumir um papel interativo no processo de planejamento estratégico. O CEO iria apresentar um plano preliminar baseado em recomendações da equipe e, então, abriria a discussão para perguntas e sugestões. Um membro do quadro fez uma pergunta provocante, ainda que justa, sobre uma iniciativa do passado.

O CEO fez uma pausa, pegou sua valise e tirou uma embalagem de antiácidos. Bateu a base da embalagem na mesa, girou a tampa e a abriu, tomando-o com um copo de água gelada.

Continuamos sentados surpresos e silenciosos, enquanto o CEO mastigava uma boca cheia de tabletes que lembravam giz. Após mastigá-los por um tempo pouco confortável para todos nós, tomou um gole de água e só aí respondeu à pergunta do diretor. O CEO seguiu o mesmo processo quatro ou cinco vezes naquele dia — e aí está o formidável da coisa. Ele nem notou como fora ridículo, pois era uma ocorrência normal no seu dia-a-dia. Em essência, esse sujeito tinha aceitado que medo e preocupação — e azia — faziam parte da descrição de suas atribuições.

Naquele momento, eu achei seu comportamento apenas engraçado. Em retrospecto, vejo-o como um trágico exemplo de como o medo infiltrado e as preocupações entranharam-se no mundo dos negócios. Como consultor de liderança de desenvolvimento, era a primeira vez que presenciava aquilo. Eu já tinha visto um comitê executivo mudar estratégias baseado no medo da concorrência. Vi vendedores altamente talentosos jogar fora uma carreira porque fraudara seu total de vendas simplesmente por medo de não atingir a cota mensal. Presenciei o esgotamento nervoso de um executivo gerado pela pressão exercida sobre sua divisão.

Preocupação é o elefante que está sentado em muitos escritórios pelo mundo. Não conversamos sobre ele porque atrapalha nossos esforços para cruzar a linha de chegada.

Hábito oculto

No verão passado, estava sentado ao lado da piscina infantil transcrevendo minhas entrevistas, quando minha filha perguntou o que eu estava fazendo. Começamos a conversar sobre minha carreira como autor. Expliquei-lhe sobre meu contrato para escrever dois livros. Durante a conversa, olhei para ela e disse, em tom sarcástico: "o segundo livro do papai vai sair daqui a quatro anos, quando você tiver oito. É bem assustador, não é?"

Ela olhou para mim com a expressão ligeiramente confusa e retrucou: "não, papai, isso não é assustador, isso é legal".

Cheguei a uma constatação dolorosa e surpreendente: tenho o hábito de me preocupar. Mesmo quando a vida está em dia e não tenho nada com o que me preocupar, transformo assuntos sem importância em grandes problemas. Nunca tive nenhuma fobia séria que precisasse de acompanhamento psicológico, mas convivi com uma irritante preocupação. Eu as vestia como se veste um agasalho de lã em um dia úmido e quente. Carregava o peso dessas preocupações como uma bola de boliche em volta do pescoço. Acredito seriamente que parte da razão pela qual tenho uma péssima postura e problemas nas costas vem do fato de ter carregado o peso de tantas preocupações por toda a minha vida. Sabe o que é pior? Que tudo era escolha minha: eu mesmo escolhi atormentar-me.

Eu poderia justificar, falando que fui vítima de uma família desajustada, que vivia pressionado por um mercado corporativo extremamente competitivo etc. Na verdade, porém, eu é que escolhi montar um lar para as preocupações dentro de mim. Eu as sustentei, racionalizei sua existência e dei-lhes legitimidade. E elas cresceram dentro de mim.

Medo e preocupações

Eu ri quando vi minha namorada transformar um lindo dia de sol em um temporal. Ri quando vi o CEO virar uma garrafa de antiácido em plena reunião. Mas quando minha filha mostrou-me a mensagem subliminar de medo e preocupações que estava dentro de mim, não achei graça nenhuma. O problema do medo e das preocupações é muito sério, porque está muito bem escondido nos confins da nossa mente.

Não importa, porém, quão fortes sejam o medo e as preocupações, a mão de Deus é muito mais forte. Há momentos em que você precisa transferir a batalha toda para Deus — e deixá-Lo lutar por você.

A próxima história é sobre Dan Roelofs, um pastor de trinta e três anos, marido e pai, que fez exatamente isso: ele deixou Deus lutar por sua batalha. E ele tinha um motivo legítimo para temer: estava enfrentando o câncer. Ao longo desse processo, ele logo descobriu que não era exatamente contra o câncer que ele lutava, mas contra o medo. As palavras a seguir são do próprio Dan.

Um lugar chamado entrega: Dan Roelofs

"É espantoso como quatro simples palavras podem mudar completamente a maneira como alguém enxerga o mundo. Em 27 de novembro de 2001, eu tinha muitos compromissos, minha cabeça só pensava neles. Mas no dia seguinte, ouvi três palavras que jamais imaginei que me seriam ditas um dia: 'você está com câncer'. De repente, coisas que antes eram um verdadeiro poço de preocupações, tornaram-se absolutamente sem nenhuma importância.

O câncer havia sido localizado em meu sistema linfático, mas era preciso investigar se tinha se espalhado. Saí dirigindo pasmo. Liguei para minha esposa, Tammy, enquanto dirigia. Não pronunciei a temida palavra. Disse a ela que precisavam fazer tomografias para saber mais a respeito. Pensamentos como 'tenho dois garotinhos, Deus acabou de me chamar para iniciar uma nova igreja, acabamos de nos mudar para uma casa nova — isso tudo não está fazendo sentido', voavam por minha cabeça.

Dias depois, quando cheguei ao hospital para os exames, levei minha mala de trabalho e palm-top, *para checar as pendências. Minha lista de "coisas a fazer" pareceu tão sem sentido naquele momento... Peguei minha Bíblia e comecei a ler. O Salmo daquele dia era o 90, em que o versículo 12 dizia: 'ensina-nos a contar nossos dias para assim termos um coração sábio'.*

O Salmo ressoou em meu coração, mas parecia tarde demais para aplicá-lo a minha vida. Pensei nas vezes em que poderia ter prestado mais atenção em meus garotos e não o fiz. Nas vezes em que disse sim ao pecado e não a Deus. Nos momentos em que deixei de conversar com o vizinho no jardim porque tinha coisas importantes a fazer. Nos dias em que preferi me manter ocupado em vez de prolongar a presença do Senhor em mim. Nas vezes em que fui rude com minha esposa ou deixei meu trabalho ser mais importante do que nossa relação. Nas épocas em que eu estava ocupado demais para desfrutar a companhia dos amigos e jogar conversa fora.

Por onde andei tão ocupado dessa maneira? A que me agarrei? Valeu a pena? Fiquei ali sentado na sala de espera com o coração cheio de arrependimentos. Felizmente, Deus me fez continuar a ler.

O próximo versículo do livro de Salmos, o 91, tinha uma mensagem totalmente diferente. Li o primeiro versículo: 'aquele que mora no abrigo do Altíssimo descansará na sombra do Todo-Poderoso ou Onipotente'. À medida que lia, meus olhos se enchiam de lágrimas. Por um instante, o tempo parou. Eu sabia que Deus estava falando comigo através de Sua Palavra. Da maneira mais gentil e afável, Ele disse: 'Dan, estou aqui. Estou com você. Quero lhe dar descanso. Eu mesmo estarei com você em todos os passos desta jornada. Não tema'.

O pensamento de que Deus me amava o suficiente para me dar a dádiva da paz me fez chorar. Enquanto eu esperava, a paz me envolveu, cobriu-me como um cobertor. O Salmo 91 tinha acabado de descrever todas as situações perigosas, nenhuma das quais era grande demais para o poder, e a proteção e a paz de Deus. Deitei na mesa da tomografia sem medo. Deus estava comigo.

Acordar na manhã seguinte foi uma estranha experiência. Deixei meu filho no jardim de infância e me dirigi para meu local favorito, onde havia uma vista superior do lago, perto de casa. Enquanto começava a orar, fui invadido pelo pesar. E solucei enquanto pensava que ia deixar meus garotos e esposa para trás. Eu não queria morrer.

Tão rápido, porém, quanto começou, o choro acabou. As lágrimas foram como uma refrescante chuva de primavera. A dor dentro de mim precisava sair e quando derramei meu coração em lágrimas para Deus, estava renovado.

De cima, diferentemente do comum para aquela época do ano, as águas do lago estavam calmas, plácidas. Não encontrei nenhuma outra explicação para aquilo além do fato de que aquela paz não era minha — mas uma dádiva de Deus.

29 de novembro — Anotação no diário

> *Recebi os resultados dos exames ontem e meu sistema linfático está canceroso. Todos os apoios se foram. Estou em uma situação onde apenas posso depender de Deus. Ele é o Único que pode me sustentar. E Ele irá me suster. Seu amor é meu suporte; e Sua consolação, minha alegria.*

Com Deus disponibilizando Sua paz para mim, tornou-se evidente que eu teria um papel a cumprir para deixar a paz reinar. Havia uma batalha a travar. Embora eu soubesse que o ensinamento do Salmo 91 era verdadeiro, eu precisava usá-lo ou o medo estaria logo ali, na curva da esquina.

2 de dezembro — Anotação no diário

> *Preciso conhecê-Lo hoje como nunca antes precisei. Conceda-me a dádiva da fé. Preciso de seu encorajamento. Preciso escutar Sua voz, ajude-me a lutar hoje, ajude-me a vencer a batalha que acontece em minha mente, ajude-me a não desistir por medo. Faça minha fé mais forte. Ajude-me a celebrá-Lo, a estimá-Lo, a apreciá-Lo, a confiar no Senhor.*

No alto da minha lista de prioridades, estava a necessidade de compartilhar a luta com pessoas que pudessem orar por mim. Reparti minha necessidade de orações com essas pessoas, que abriram seus corações perante Deus a meu favor. A Bíblia em nossas mãos era uma espada defensora.

A primeira recomendação dos médicos que consultei era remover cirurgicamente a massa de nódulos linfáticos. A cirurgia seria o primeiro passo para erradicar o câncer de meu corpo — o tratamento viria a seguir.

O mês seguinte foi o mais difícil da minha vida. Enquanto fazia o tratamento, o médico me revelou que os tumores em meus pulmões, medidos há um mês, haviam crescido. E que novos nódulos nocivos haviam aparecido. Informei minha família sobre o que acontecia. Eu queria fugir da dor e dos pensamentos de desespero que povoaram minha mente. Enquanto lutava para desligar-me e dormir, minha mente voava pensando em meu funeral. Vi meus filhos crescendo sem mim, senti o pesar que eu sabia que Tammy sofreria. A morte, para mim, não parecia uma coisa tão ruim, mas meu coração se despedaçava pela dor da minha família.

Então eu perguntava: por que, Deus? É assim que o Senhor trata aqueles que O amam? Servi fielmente ao Senhor e essa é a minha recompensa? Onde está o Senhor? Tudo parecia um pesadelo do qual eu não conseguia acordar.

Não tem nada a ver com câncer

Em meio a toda aquela situação dolorosa, lembro-me de uma cena inusitada. Na manhã seguinte à revelação de que os nódulos tinham se espalhado pelo meu corpo, eu saíra e, ao voltar ao quarto, flagrei minha mulher pulando na cama. Era uma situação hilária, que me fez rir. Mas para mim foi também uma evidência de que Deus estava trabalhando no coração de Tammy, para libertá-las do medo e dar-lhe alegria. Observar sua alegria me fez confiar mais em Deus.

Após um jantar maravilhoso à luz de velas, voltamos ao quarto e mergulhamos na cama, exaustos. Não havia melhor modo de encerrar o dia do que entregando nossos corações a Deus, através da oração. Oramos juntos. À medida que ela orava, eu sentia que seu coração estava cheio de gratidão. Minha perspectiva começou a mudar também.

Passei a entender como Deus era bom para nós em toda aquela situação e o quanto Ele havia demonstrado Seu amor, Sua compaixão e comprometimento. E então, Ele começou a falar, enquanto eu orava nada: *'isso não tem a ver com câncer, nunca teve. É sobre seu coração. Uma oportunidade para você me conhecer como jamais me conheceu. Não se preocupe com o que fazer a seguir. Eu cuido disso. Não quero que você se foque na busca por um tratamento adequado. Quero que você se foque em Mim — amando-Me com tudo de você'.*

Sinto-me estranho falando isso, parece tão místico. Afinal, como poderia eu saber se era mesmo Deus? Tudo que posso dizer é que naquele momento eu não tinha dúvidas sobre quem falava comigo e o que dizia".

Gastei muito tempo da minha vida investindo energia em esforços para criar um caminho mais suave ou uma vida sem problemas. Minhas orações têm sido algo como 'Deus, leve isso embora. Meu Deus, cure isso, cure aquilo. Por que o Senhor não tira esse obstáculo da minha frente? Qual é a solução para este problema?'.

Deus parecia me mostrar que eu apenas fazia orações egoístas, fazendo perguntas erradas. Em vez de pedir a Ele que levasse embora os problemas, precisaria ter pedido a Ele para abrir meus olhos para o que Ele queria me mostrar por meio dos desafios.

Tornou-se óbvio que nesse dia o câncer não era meu maior inimigo. Meu maior adversário era algo que me impedia de viver a intimidade com o Senhor. A descrença, a falta de confiança, a auto-suficiência, os medos aos quais não renunciei, os hábitos egoístas e os padrões de pensamentos que mantive: o câncer era simplesmente uma ferramenta na mão de Deus, para assim me fazer parar e escutá-Lo. Realmente escutá-Lo. Nesse sentido, era uma incrível bênção de Deus tudo o que acontecia.

Porta fechada

O oncologista que me atendeu era o melhor especialista do estado de Minnesota. A consulta foi marcada para o dia 20 de fevereiro, um dia cinza, de neve caindo, o que combinava muito bem com o que acontecia dentro de mim. Lembro-me de ter andado até o edifício, orando silenciosamente: 'Senhor, por favor, deixe esse médico nos oferecer alguma ajuda'. De repente, o medo batia novamente à porta.

Após um exame médico preliminar, o médico pareceu bem surpreso em me ver saudável, considerando-se o estado avançado do câncer em meu corpo. Seu comentário a seguir me paralisou: 'senhor e sra. Roelofs, vocês precisam entender que nenhum dos tratamentos, devido ao estágio da doença, serão curativos. Nossa meta é prolongar sua vida e manter a dor à distância, para que você possa desfrutar o tempo que tem com sua família'.

A porta para a qual eu orara para ficar aberta acabara de fechar.

A última vez que recebemos más notícias, fiquei destruído e Tammy recebeu a força de Deus para me amparar. Desta vez, sabia que Deus queria que eu a amparasse. Ela chorou lágrimas de desespero. Ela gritou. Reclamou com Deus. Quando acabou, colocou sua cabeça no meu peito e nós dois choramos em silêncio. Não chorei porque me sentia sem esperança ou estava furioso. Por alguma razão, eu senti que Deus estava presente ao nosso lado, guiando-nos. Chorei porque nunca havia visto ninguém que eu amasse sentindo tanta dor e isso me machucava demais.

Naquele dia, despejei meu coração em meu diário: quero viver com tudo em mim. Quero que meus filhos sejam piedosos. Quero envelhecer com Tammy. Não posso suportar o pensamento de voltar para casa agora. É muito doloroso. Preciso do Senhor, Deus. Sinto que perdi minha perspectiva e preciso de Seu auxílio. Ampare-me, Deus. Preciso escutar a Sua voz.

Nada de descanso sem entrega

Eu certamente não queria entregar minha vida a Deus, pelo menos, era isso que minha mente dizia. Mas em meu coração, sabia que Deus queria me livrar da carga de estar no controle da minha vida. A questão com a qual eu me debatia era: será Deus realmente bom e amoroso de verdade?

Em 22 de fevereiro de 2002, escolhi acreditar que o que as Escrituras diziam sobre Deus era realmente verdade e não permiti que outros pensamentos, contrários, entrassem em minha mente."

22 de fevereiro — Anotação no diário

Eu posso ter câncer em meu corpo e é até possível que Deus prefira não curá-lo. Mas eu não tenho que ser derrotado pelo câncer, e eu não vou ser! Isso não vai me deixar deprimido, isso não pode roubar minha alegria, não pode me fazer ser egoísta, não pode me forçar a me preocupar. Essas são todas as escolhas que posso fazer. Jesus morreu para que eu não precisasse ser escravo de todas essas coisas e, enquanto eu estiver vivo, tenho uma escolha. Eu escolho Cristo!

28 de fevereiro — Anotação no diário

É difícil saber por onde começar enquanto procuro descrever a semana. Eu simplesmente fui inundado pelo amor de Deus. Houve uma grande quantidade de coisas que pensei que iriam me satisfazer durante o curso da minha vida, mas todas eram substitutas baratas comparadas à grandeza da intimidade com o Senhor Jesus. Estou sentindo a satisfação de ser total e apaixonadamente amado por Deus.

Não sei o quanto viverei, mas, na realidade, ninguém sabe. A vida é muito curta para desperdiçá-la com emoções baratas, artigos finos e realizações sem nenhum significado. Honestamente, só posso dizer que nunca tive tanta alegria desde que recebi o diagnóstico do câncer. Fui despojado de tudo o que não tem significado. Amar a Deus e amar as pessoas tornou-se supremo. A vida nunca foi tão boa.

20 de março — Anotação no diário (32º aniversário de Dan)

Entrega é uma palavra que se torna difícil de entender quando é preciso sobreviver. Significa ceder o controle a outro. Parar de resistir. Desistir de sua própria agenda. Voltando a novembro, três semanas antes de ouvir meu diagnóstico, senti uma mudança vinda de Deus. É hora de viver na totalidade, o que significa abandonar-me pelo Seu amor. Quando você desnuda a sua vida toda perante Deus, o medo não pode permanecer – não há mais nada que possa ser retirado. Tenho aquilo que desejo e isso quer dizer Cristo.

Uma a uma, Deus tem me despojado de todas as coisas com as quais eu me apegava. Antes eu temia isso, mas agora vejo que quando Ele me tira algo é apenas para dar algo melhor em troca. A vida Dele pela minha. Sua alegria em troca de prazeres mundanos. Há algo mais valioso a ser ganho aqui do que a saúde: Cristo.

Legado de Dan

Um ano depois, em 20 de março de 2003, em seu 33º aniversário, a jornada de Dan Roelofs na Terra chegou ao fim, enquanto ele era conduzido à presença do Senhor. Ele recebera o que mais queria: Jesus Cristo. Deixou esse planeta sem medo, em paz.

Eu soube da história de Dan Roelofs pela primeira vez através do jornal *Minneapolis Star Tribune*. Embora tocado pela história, não terminei de ler o artigo. Para ser honesto, apavorei-me. Meu maior medo não é morrer, mas perder uma pessoa amada. O pesar de perder duas crianças por aborto natural permaneceu latente em mim. Amo minha família, não posso suportar o pensamento de perdê-la. Como resultado disso, eu me preocupo.

Quando um cliente me deu uma cópia do livro que Dan escreveu sobre sua luta e descoberta, coloquei-o na minha pasta. Eu não queria ler uma história que não tinha um final feliz. Não se encaixava em meu paradigma de como Deus nos resgata do perigo. Quando cheguei em casa, coloquei o livro na estante da biblioteca.

Algumas semanas mais tarde, eu vi minha esposa lendo o livro. Foi ela quem me orientou a mencioná-lo no que eu escrevia. Confesso que apreciei a sinceridade de Dan, mas me vi agitado e mais uma vez quis colocar o livro de lado. Até que li uma passagem que desafiou a base da minha fé, quando ele disse: "a questão com a qual eu me debatia era: 'será Deus realmente bom e amoroso de verdade?'

Em um segundo, Deus estava revelando-me que eu me preocupava porque eu não confiava totalmente Nele. Não confiava que Deus realmente amaria minha família como prometera. Em um momento de definição, eu compreendi que devia confiar no amor e na provisão de Deus, mesmo que isso significasse perder um ente querido. Fui confrontado com uma escolha: confiar e aceitar que Deus tem o melhor de Si para mim, mesmo que isso inclua dor.

A história de Dan mudara o meu paradigma. Compreendi que o mais importante não é a extensão de nossa vida, mas a profundidade da experiência. Importa o que fazemos com nossa vida *neste exato momento*. Preocupar-me com um futuro que eu não podia controlar estava me roubando a dádiva de Deus no meu presente. Minha preocupação estava centrada em mim, não em Deus. Dan me fez lembrar que tudo o que tenho é uma dádiva de Deus — meus entes amados, minha carreira, meu dinheiro. Até mesmo minha vida. Tudo isso são dádivas.

Inicialmente, senti que a história de Dan era uma tragédia. Mas, a medida que refletia sobre ela, cheguei a uma conclusão bem diferente: tratava-se de uma incrível história de sucesso. A vida de Dan é a história do amor infalível de Deus. É a história de um homem conquistando o medo e as preocupações enquanto é confrontado com a morte. É a história de uma vida terrena curta preenchida com amor, paz, alegria e significado. Uma história onde se enxerga a situação presente por perspectiva eterna.

Trata-se da história do impacto de um homem sobre incontáveis pessoas. Dan me ensinou o respeito à vida.

SOLUÇÃO: DESCOBRIR A PAZ

Um pai está acordado às 3h da manhã preocupado com o filho que tem problemas com drogas e bebida e que ainda não chegou em casa. Uma funcionária se preocupa com a onda de cortes na empresa onde trabalha. Uma esposa se preocupa com o resultado da biópsia que revelará se o câncer se espalhou pelo organismo do marido. Um filho se preocupa se já é ou não hora de colocar a mãe idosa em uma clínica de repouso. O medo e as preocupações cobrem um amplo leque de situações.

Há horas em que nos preocupamos com coisas tolas e insignificantes, coisas com as quais não precisamos realmente nos preocupar. Outras vezes, o medo e as preocupações parecem justificados. Não importa se é um caso trivial ou não, Deus espera que você aceite Sua paz. Lembre-se que a verdade da palavra de Deus é a mesma no melhor e no pior dos dias. Somos chamados para viver de todo o coração a essência do papel que Deus reserva para nós.

Você se lembra da "Oração da Serenidade", aquela que mencionamos no capítulo 1 deste livro? "Deus me dê serenidade para aceitar as coisas que não posso mudar; coragem para mudar as que eu posso mudar, e a sabedoria para saber a diferença". Os três princípios dessa oração são vitais para superarmos medo e preocupações:

- Sabedoria — Peça a Deus sabedoria para avaliar a situação, escolher um curso de ação e determinar qual será o seu papel e o de Deus.
- Serenidade — Descanse na paz você irá encontrar quando aceitar as coisas que estão além de seu controle. Permita a Deus lutar a batalha que você não pode vencer. Este é um passo para a entrega.
- Coragem — Independente das suas circunstâncias, assuma corajosamente o papel que Deus lhe chamou para assumir. Assuma o comando e obedeça a voz de Deus.

Postura da entrega: aceite as circunstâncias e permita que Deus lhe conduza

Dan Roelofs compartilhou conosco momentos delicados, como quando caiu em lágrimas ao ouvir a voz reconfortante de Deus: 'Dan, estou aqui. Estou com você. Quero lhe dar o descanso. Eu mesmo estarei com você em cada passo desta jornada. Não tenha medo'.

Mesmo que as coisas sejam dolorosas e difíceis como são, Deus promete que você encontrará paz aceitando as circunstâncias e confiando que Ele fará tudo cooperar para o seu bem. A postura da entrega implica não fazer nada além de confiar e receber a proteção e o amor de Deus. Nesse amor, está a paz que só pode ser entendida como algo de Deus, uma paz que transcende toda a compreensão.

Em 1Pedro 5.6,7, você é instruído a ser humilde, sob a mão poderosa de Deus. Você pode enxergar a humildade sob um ângulo negativo, como se estivesse desistindo de algo ou tivesse seu braço torcido para se curvar perante uma autoridade maior. As palavras de Pedro não são um comando; são um pedido de Deus. Humildade é o reconhecimento e a aceitação de que Ele está no comando de sua vida presente e futura. Humildade não apenas prepara o palco para descanso e refúgio, como é também um lugar de honra.

A idéia de ser humilde no mundo dos negócios parece um desastre. Fomos ensinados a vendermos "a nós mesmos", lutarmos por nossa posição e ficarmos de olho no primeiro lugar. Por essa razão, encaramos a humildade como fraqueza. Mas como essa concepção está longe de ser verdadeira.

Ser humilde não significa rolar e fingir-se de morto. Você pode ser positivo e competitivo o quanto quiser, contanto que ceda ao chamado e à orientação de Deus. Isso pode significar deixar passar uma promoção, venda ou trabalho que você queria e confiar em um plano ainda maior de Deus.

Uma das anotações do diário de Dan descreve o que significa entregar-se a Deus. Lá está escrito: *"quando você desnuda a sua vida toda perante Deus, o medo não pode permanecer, não há nada mais que lhe possa ser tirado"*.

Dan estava cheio de razões para se preocupar. Enfrentava uma situação de vida ou morte. Você pode estar vivendo o mesmo, ou, como eu, tem tendência a se preocupar sem necessidade. De qualquer modo, sei que essa entrega pode ser difícil. Mas, em geral, são as coisas mais difíceis da vida que oferecem a maior recompensa. O Senhor está nos aguardando de braços abertos.

Postura de controle: superar o medo e as preocupações

Sei mais sobre medo e preocupações do que gostaria de admitir. Tenho o hábito de me preocupar, porque sempre tive medo de perder pessoas queridas. Eu me preocupava sem necessidade e com coisas que na verdade não importavam. Aos olhos de Deus, porém, as razões para tantas preocupações eram irrelevantes. Ter preocupações assim era sinal de que eu não confiava totalmente Nele. Resultado: Ele não poderia me dar o melhor de Si. Eu não poderia experimentar Sua paz, nem a plenitude da vida que Ele planejara para mim.

As três estratégias a seguir me auxiliaram muito a superar o medo e as preocupações.

1. Enfrentar medos e preocupações

Logo após ler o livro de Dan Roelofs, fiz um retiro de três dias. Entrei na floresta onde o retiro se realizava e caía uma neve suave. Orei profundamente. Quis fazer uma retrospectiva da minha vida. Quando olhei para o ano anterior, fiquei estupefato com o número de bênçãos que havia recebido. Na categoria "o que não funcionou", a única queixa tinha sido o nascimento ainda pendente de meu filho. Minha esposa estava então grávida de oito meses. Foi quando passei a temer todos os "*e se...*" à frente. E se ele não conseguisse nascer? E se algo estivesse errado com meu menino? E mesmo que ele estivesse bem, como eu poderia fazer meu trabalho tendo de cuidar de duas crianças pequenas?

De repente, como se tivesse sido atingido por uma bigorna, percebi que terrível tapa eu estava dando em Deus com essa conversa toda. Deus me abençoou totalmente com um filho e minha resposta era reclamar e preocupar-me com algo que "poderia" ou não acontecer. Mesmo que tudo corresse bem, eu estava nervoso com os desafios que iria enfrentar. Senti-me devastado, sabendo que havia desrespeitado o Senhor.

Meu pesar logo se transformou em raiva. Foi quando percebi que eu mesmo estava injetando preocupações na minha parceria com Deus. Caí de joelhos e então falei alto: "perdoe-me, Senhor. Eu sinto muitíssimo que O tenha desrespeitado dessa maneira. Sinto demais que o medo e as preocupações tenham governado minha vida".

Foi assim que decidi reagir à influência do Diabo e arrancar o medo e as preocupações da minha existência. Só assim é possível experimentar a vida que Deus planejou para nós, bem diferente do "e se" que eu carregava sem necessidade por tantos anos.

Para enfrentar seus próprios medos como eu mesmo enfrentei, é recomendável seguir os três passos seguintes:

1. **Confessar.** Embora alguns medos e preocupações pareçam justificados, eles mantêm você afastados da paz de Deus, roubando-lhe a vida que Deus planejou para você. Confesse todos os seus medos e preocupações e escolha submetê-los a Deus. Peça a Ele auxílio para superar o medo e as preocupações.
2. **Enfrentar.** Com o poder do Senhor em você e por trás de você, tome uma atitude. Enfrente corajosamente seus medos. Pergunte-se: "estou preocupado especificamente com o quê?" "Trata-se de um medo justificado". Se for, peça a Deus para lhe ajudar a fazer um plano para lidar com ele.
3. **Comprometer-se.** Superar medos e preocupações não é algo que acontece de uma vez. É uma disciplina diária. Lembre-se de como Dan Roelofs se viu lutando com suas preocupações. Determine-se a manter o medo em um lugar adequado, caso contrário, ele rastejará de volta à sua vida. A melhor defesa é um bom ataque. Opte por seguir Cristo independentemente das conseqüências. Enquanto você enxergar seu mundo sob a perspectiva de Deus, você verá o medo em sua real perspectiva. Pode ser que você não elimine totalmente as preocupações, mas poderá reduzi-la à sua real dimensão.

2. O princípio do "não faça isso"

Quase quatro anos após o nascimento de Grace, fomos abençoados com o nascimento de nosso filho Scott Matthew Julian, que trouxe muita alegria à nossa vida. Recentemente tivemos que levá-lo, ainda em fraldas, a uma consulta com um cirurgião-pediatra. Minha oração era dupla: primeiro, orei para que seu problema fosse benigno e não precisasse de cirurgia. Minha segunda oração era para que a visita ao médico lançasse luz e orientação sobre o tratamento a ser seguido: que fosse o melhor e o mais acertado.

No consultório, o médico enumerou três possíveis problemas e os três passos necessários para ajudar a identificá-lo — começaria com procedimentos simples, mas poderia culminar com a realização de uma cirurgia. Comecei a disparar perguntas à queima-roupa. "A cirurgia é importante? Quanto tempo ele vai ficar no hospital? E se ele apanhar uma infecção?". O médico me interrompeu bruscamente, dizendo: "não temos que pensar nisso agora. Ainda temos dois passos a serem dados antes de começarmos a nos preocupar com isso".

> *"Não faz sentido abrir um guarda-chuva e esperar até que comece a chover."*
> Alice Caldwell Rice

Enquanto nos dirigíamos até o carro, Sherri e eu paramos para fazer uma oração de agradecimento. Embora Deus não houvesse revelado qual era o problema de meu filho, Ele nos dera exatamente aquilo por que oramos: clareza e orientação sobre como proceder.

Uma hora depois, eu ainda pensava sobre Scott. A preocupação começou a invadir de novo minha mente. Falei para Sherri: "e se esse primeiro passo não funcionar? Como deveríamos..." Sherri olhou nos meus olhos e disse: "Pára! Não faça isso!". Tenho muita sorte. Amo uma pessoa que sabe fazer a coisa certa — ela interrompe minhas preocupações no meio do caminho, antes que elas se tornem desproporcionais.

Podemos usar o princípio do "não faça isso" quase sempre e de maneiras muito práticas. É uma escolha — fazer ou não fazer. Não fumamos porque faz mal à saúde. Não comemos comida saturada de calorias porque queremos emagrecer. Não cruzamos a rua quando um carro vai passar. Fazemos sábias escolhas conscientes porque sabemos que são benéficas para nós. Então, por que não usar o mesmo princípio quando se trata de medos e preocupações?

O princípio do "não faça isso" é uma primeira linha de defesa. Não permita que medo e preocupações entrem em sua mente. Feche a porta para os pensamentos negativos.

Quando pesquisei sobre o medo e as preocupações, reconheci que do Velho Testamento ao Novo, de Jeová a Jesus até os apóstolos, todos eles cantam a mesma canção do "não faça isso". E nos dizem duas verdades básicas: primeiro, a trilha de medo e preocupações nos conduz à destruição, e, segundo, cada um de nós escolhe sua própria trilha na vida. Mas Deus pode nos dar um sinal.

Reconheça que o campo de batalhas do medo e das preocupações está em sua mente, inundando seus pensamentos durante o dia. Mais do que os outros pensamentos, ambos são fortíssimos, têm a força da água quando destrói uma represa. Uma vez que o fluxo de negatividade se inicia, é difícil parar essa corrente.

De repente, coisas sem importância começam a se infiltrar em nossos pensamentos, causando preocupação. Fatos menores transformam-se rapidamente em nossos maiores problemas. Assim, antes que você se dê conta, os pensamentos que tornam você eficaz em casa e no trabalho passam para o banco de trás e a preocupação assume a direção.

A seguir estão algumas idéias que lhe ajudarão a represar o fluxo de preocupações:

- *Crie uma chave-geral imaginária em sua mente.* Quando você começar a se preocupar, "desligue a chave-geral" para quebrar a corrente de pensamentos.
- *Dê um tempo para você mesmo.* Medo e preocupações entram em seus pensamentos quando você está cansado e frustrado. Quando se sentir exasperado e exausto, pare o que você estiver fazendo e procure se distrair.
- *Limpe sua mente.* Quando sinto que estou tenso, fecho meus olhos e faço trinta respirações profundas. Quando inspiro, imagino que estou inspirando o Espírito Santo. Quando expiro, imagino que expiro exalando medo e preocupações.

4. A plenitude do princípio de Deus

Se estivermos cheios do Espírito Santo, não haverá espaço para medo e preocupações. Nossa mente é o templo sagrado de Deus. Medo e preocupações são hóspedes indesejáveis. Quando você atende à porta com fé, não há ninguém lá porque esses pretensos hóspedes simplesmente fugiram. E mesmo se tentassem entrar, não iriam conseguir. Simplesmente porque não há espaço. A seguir, vamos olhar mais de perto a receita de Deus para superar os medos e as preocupações.

- Encha-se de alegria: "Regozijem-se sempre no Senhor". Medo e alegria não podem residir na mesma casa. Alegria é uma reação natural por se estar perto do Senhor. É a compreensão profunda de que Deus está sempre ao nosso lado, nos bons e maus momentos.
- Encha-se de orações e ações de graças. Deus quer sua sobrecarga e ansiedade. Ele quer lutar essa batalha por você. Ele deseja que você atinja um nível de profundamente espiritual, em que possa ser agradecido por tudo, porque você acredita na verdade de Suas promessas.
- Preencha sua mente com pensamentos de Deus: "quanto ao mais, irmãos, tudo o que é verdadeiro, tudo o que é honesto, tudo o que é justo, tudo o que é puro, tudo o que é amável, tudo o que é de boa fama, se há alguma virtude, e se há algum louvor, nisso é preciso pensar". Quando você dá lugar ao medo e às preocupações, você rouba de si mesmo a vida que Deus reservou para você. Escolha viver positivamente.
- Preencha suas atividades com o chamado de Deus. No filme *Um sonho de liberdade*, o personagem do ator *Tim Robbins* é preso injustamente. Passa a metade de sua vida na prisão, onde é surrado e violentado. À beira do ponto de ruptura, quando ele poderia enterrar-se para fugir da dura realidade de sua vida ou viver com esperança de um melhor amanhã, ele exclama: "acho que tudo se resume a uma simples escolha. Ocupe-se em viver ou ocupe-se em morrer". Deus conhece sua vida e lhe chama para estar exatamente onde você está hoje. Mas cabe a você escolher como responder. Viva o seu chamado. Deus promete Ele mesmo ser a sua recompensa.

Conclusão

Nossos dias no mundo são curtos e preciosos. Há momentos em que eles estão repletos de desafios e ameaças. Receber a dádiva da vida e, então, permitir que a preocupação a diminua, é um crime. É fácil acusar o Diabo de ser o culpado, mas devemos reconhecer que somos seus cúmplices. A chance de diminuirmos o dom da vida é uma ameaça que infligimos a nós mesmos.

Tenho poucos arrependimentos na vida, mas um deles diz respeito ao fato de ter passado incontáveis horas a me preocupar em vez de viver a vida que Deus me deu. Sinto que Deus me deu uma carreira para seguir, cheia de propósito, dons e talentos. E eu, deliberadamente, peguei uma bola de boliche e a pendurei em meu pescoço. Agradeço todos os dias a Deus por ele ser tanto meu Deus do presente, como também do passado e do futuro. Independentemente do tempo desperdiçado no passado, Ele me dá hoje uma nova oportunidade.

Não sabemos quanto tempo temos ainda para viver, mas temos a escolha de viver a vida neste exato momento. Independente do que lhe traz medo e preocupação, eu oro para você encontrar o Deus da paz e a paz de Deus — agora e para toda a eternidade.

APLICAÇÕES PRÁTICAS

Exercício 1: Encontro de parceria com Deus

Encontre um lugar tranqüilo, onde você possa fazer um retiro de duas horas com Deus. Identifique um medo ou preocupações específicas, com as quais você se debate. Seguindo os passos deste exercício, você fará uma parceria com Deus para superar seu medo. Sendo tão específico e sucinto quanto possível, grave as respostas em seu diário.

1º Passo: Busque Sabedoria

- Com o que você exatamente se preocupa?
- Numa escala de 1 a 10 (onde 1 é preocupação desnecessária e 10, um assunto sério), avalie o nível de atenção que o problema merece.
- Quando é hora de se preocupar com isso? Requer seu tempo hoje, no futuro ou nunca?
- Por meio da oração, identifique quais são suas reais responsabilidades e o que deve ser entregue a Deus.

2º Passo: Entregue-se

- Identifique quais aspectos do assunto em questão estão além do seu controle.

- Apresente cada uma de suas ansiedades específicas a Deus e peça paz em relação a esses problemas.

3º **Passo**: Assuma o controle

- Crie um plano de ação para tratar do problema que mais causa preocupação.
- Transforme o plano de ação em um plano do tipo "um dia de cada vez".
- Atue imediatamente, mas apenas naqueles assuntos sobre os quais você tem controle.

Exercício 2: Viva um dia com a sua assinatura

Alguns anos atrás, fiz uma entrevista memorável com Marilyn Carlson Nelson, presidente e CEO das *Carlson Companies*. Ela levantou então uma das questões mais reveladoras, ao perguntar: "você está disposto a colocar a sua assinatura no dia de hoje?"

Essencialmente, ela estava me perguntando se eu me dispunha a assumir e responsabilizar-me pelo dia de hoje, se eu estava disposto a viver o dia em sua plenitude, sem me preocupar com o amanhã.

É fácil enredar-nos com a confusão de tarefas, prazos e compromissos do dia-a-dia. As ocupações e preocupações com o amanhã, em geral, bloqueiam a existência do "hoje". Se nós vivermos o paradigma de fazer de cada dia um dia com a nossa assinatura, é melhor nos focarmos na importância das prioridades de cada dia, mais do que na irritante incerteza do amanhã.

Quero que você crie um dia com a sua assinatura, um dia em que você não apenas viverá sem preocupações, mas o viverá em sua plenitude. No final desse dia, você colocará orgulhosamente a sua assinatura nele, pois foi um dia significativo. Talvez você não tenha feito nenhuma grande realização, mas você passou-o apreciando aquilo que Deus lhe deu.

Pense em como você pode preencher o dia com pensamentos e ações que são nobres, amáveis, admiráveis, excelentes e merecedoras de louvor. Pense como poderá criar um ambiente mais significativo. E, então, crie seu dia ideal, dividido em segmentos como trabalho e "não-trabalho". Com suas palavras e estilo, crie o dia com a sua assinatura.

Primeira Parte: *Descreva seu dia ideal de trabalho.*

Identifique as áreas que trazem mais significado e propósito a sua vida.

Segunda Parte: *Descreva seu dia ideal de "não trabalho".*

Inclua tempo pessoal, com a família etc.

Terceira Parte: *Reveja a 1ª e a 2ª parte.*

Identifique de que modo pode modificar o dia típico para chegar mais perto do seu ideal.

GUIA DE DISCUSSÃO

1. De que maneira o medo e as preocupações afetam sua vida?
2. De que maneira o medo e as preocupações afetam seus negócios?
3. Identifique e divida com o grupo as mais importantes lições que você aprendeu com a história de Dan Roelofs.
4. Por que você acha que Deus permitiu que Dan, de trinta e três anos, pai de dois filhos, esposo amoroso e devoto, morresse?
5. A história de Dan lhe trouxe paz ou fez com que você se preocupasse mais ainda? Explique por quê.
6. Você achou a história dele inspiradora ou absolutamente assustadora?
7. Como você acha que pode criar um ambiente de trabalho mais significativo, de modo a superar o medo e as preocupações?
8. Como pode criar um ambiente mais significativo em seu lar, superando medo e preocupações?
9. Como este capítulo mudou sua relação com o medo e as preocupações?
10. (Opcional) Os exercícios de aplicação são pessoais porque foram planejados para ajudar a construir a parceria entre Deus e você. Se você se sentir à vontade para fazê-los, divida os resultados dos exercícios de aplicação prática, conforme indicação a seguir:
    - A. Divida com o grupo os resultados do Exercício 1. Peça por uma avaliação e apoio em seu plano para superar as preocupações.
    - B. Divida com o grupo os resultados do Exercício 2. Peça por uma avaliação e apoio para criar seu dia com a própria assinatura.

Capítulo 7

Redefinir e descobrir o verdadeiro sucesso

Era um belo dia de início de verão em Atlanta, mas eu não notara. Como sempre, já estava no escritório desde às 6h da manhã. Lá pelas 10h, eu estava a todo o vapor. Já havia participado de uma reunião do comitê executivo, conduzido uma reunião de vendas, me encontrado com um cliente de Nova York e estava a caminho do escritório de suprimentos, para apagar o primeiro de vários incêndios do dia.

Quando me dirigia ao setor de suprimentos, dei uma olhada ao redor e notei o gerente geral parado na porta de sua sala. Ele olhou para mim e me disse: "Olá, Larry, posso falar com você um minuto na minha sala?". Fiquei irritado com a interrupção, mas entrei na sala. Lá encontrei a diretora de recursos humanos, que timidamente abaixou a cabeça, desviando o olhar para seu *laptop*. O gerente entrou atrás de mim e fechou a porta. Disse suavemente: "sente-se".

Nunca me esquecerei das palavras que ele pronunciou de maneira desajeitada: "Larry, nós vamos ter de deixar você ir". Minha primeira reação foi: "Ir? Onde estamos indo?" Minha mente simplesmente não registrara as palavras dele. E então, de repente, me atingiram como um golpe forte. Era como cair por um alçapão: um minuto atrás, eu era o diretor de vendas e marketing de um grande hotel de luxo, responsável por milhões de dólares de receita. No minuto seguinte, era um perdedor desempregado e desnorteado no meio de um estacionamento, murmurando: "mas o que foi que aconteceu?"

Enquanto dirigia para casa, às 11h30 da manhã, pensei nos primeiros dias da minha carreira. Em setembro de 1976, eu era um jovem cheio de energia, recém-formado pela *Michigan State University Hotel School*. Minha primeira reunião, como *trainee* corporativo, foi com um gerente geral. Ali, ele definiu o sucesso em três palavras: "traseiros nas camas".

Minha função e propósito como profissional de vendas e marketing era gerar receita com as reservas dos quartos, tinha de conseguir tantos "traseiros" quanto possível para se hospedarem nas camas do hotel. Passados treze anos, agora dirigindo até em casa, desempregado, eu agonizava só de pensar: "investi mais de uma década da minha vida profissional produzindo milhões de dólares para uma corporação. Para quê?"

PROBLEMA: DESPERDIÇAR A VIDA EM BUSCA DO SUCESSO ERRADO

Parafraseando um pastor de Chicago, eu passara treze anos escalando a escada do sucesso para descobrir que ela estava apoiada na parede errada. Em setembro de 1976, eu aceitei uma determinada definição de sucesso e passei a fazer o que fosse preciso para alcançá-lo. Gastei tempo, talento e energia para subir escada acima, de *trainee* a gerente de vendas, até o cargo de diretor de marketing. Perseguindo o sucesso, eu havia me mudado de East Lansing, Michigan, para Cherry Hill, Nova Jersey, e para Los Angeles e depois Washington, D.C., e, então St. Louis e Atlanta. No entanto, na luta pelo sucesso, me tornei um escravo dele.

A linha de chegada tornou-se meu "deus e senhor". E eu me submeti à insaciável "deusa da receita", que exige ser alimentada a cada três meses. E continuei a alimentar aquela deusa até o dia em que minha carreira na hotelaria chegou a um fim repentino.

Meu sonho de sucesso fora despedaçado. Fizera tudo o que era humanamente possível — sacrificando meu casamento, minha saúde e vida pessoal para atingir essa meta. E no final, eu me tornei o sacrifício. Eu não ganhara nada em troca de meus esforços.

Considero-me uma pessoa inteligente, mas com talento e habilidades medianas. O que me falta nessas áreas eu construí com muito trabalho e determinação, enquanto competia para ser o "número um". Mas ao contrário de mim, Steve Tourek era um indivíduo muito talentoso, que se sobressaía em tudo a que se dedicava — dos esportes à educação e aos negócios. A única coisa que tínhamos em comum era o fato de termos acreditado e seguido a definição que o mundo criou para sucesso.

"Meu plano de jogo": Steve Tourek

Como qualquer outra pessoa que nasceu entre 1946 e 1965, o período de alta natalidade dos Estados Unidos, Steve Tourek aventurou-se para forjar seu próprio destino. Ele estava absolutamente determinado a ser um sucesso.

Os primeiros 25 anos

Quando Steve se formou no ensino médio, era co-orador da turma, capitão dos times oficiais de futebol, basebol e basquete — já tinha conquistado todas as honras esportivas e escolares. Quatro anos depois, Steve formou-se com honra, tendo conquistado diversos prêmios de atletismo como capitão da equipe oficial de remo.

Seguindo a trilha tradicional do sucesso, Steve casou-se aos vinte e um anos e, aos vinte e dois, já era pai. Em seguida, entrou na escola de direito de Yale e seguiu para a Universidade de Cambridge, na Inglaterra, onde continuou a acumular honras em direito internacional. Venceu também inúmeras competições de remo e foi o primeiro — e até recentemente o único — americano escolhido pelos estudantes britânicos como líder do diretório estudantil de Cambridge e seu presidente.

Dez anos depois: expandindo a liderança

Steve Tourek iniciou sua vida profissional como advogado associado de litígios em Minneapolis, Minnesota. Após três anos, ele e cinco outros associados começaram uma nova firma de advocacia comercial de muito sucesso. Enquanto crescia em sua carreira, Steve atuava em várias organizações comunitárias. Tudo isso somado ao serviço público, seu expediente ininterrupto de sete dias por semana e o nascimento de seu terceiro filho, que nasceu doze anos depois do primogênito.

"Naqueles anos, eu não era ateu, nem mesmo cético. Eu era só ocupado — ocupado demais para se incomodar", admite. "Ocasionalmente, eu ia à igreja e esperava algo profundo acontecer, mas nunca aconteceu. Eu estava tão preocupado em ganhar que esqueci de perguntar qual era o jogo".

Vinte anos depois: a força viva da mudança

Então, as coisas começaram a mudar — e não para melhor.

"Primeiro, falhei como marido. Após dez anos de aconselhamento de casais e três separações, meu casamento acabou em divórcio. Eu prometera estar junto no melhor e no pior; no entanto, eu não tinha força nem vontade para manter a promessa.

Em seguida, falhei como pai. Eu já tinha casado novamente e na noite em que Debra e eu voltávamos de nossa lua-de-mel, recebi a notícia que todo pai teme receber um dia. Meu filho mais velho envolvera-se com drogas. Eu sabia que fora um pai ausente na infância dele. E passei a me perguntar: onde eu estava enquanto ele se feria e se perdia? Provavelmente em uma sala de conferências de Nova York, em um tribunal de São Francisco ou em um quarto de hotel em Los Angeles. Nem a fartura material nem minhas realizações profissionais faziam a menor diferença para meu filho. Não existe substituição para um pai ausente".

Finalmente, eu falhara como filho. Recebi aquela notícia que toda criança teme receber um dia: uma ligação de minha mãe dizendo-me que papai acabara de falecer. Quando corri para a casa deles, uma vida de memórias invadiu minha mente. Nenhuma delas tinha a ver com o trabalho de meu pai. Enquanto fiquei ali sentado sozinho com meu pai, olhando-o pela última vez, embalando seu corpo sem vida em meus braços, tudo o que eu conquistara na vida de repente parecia tão insignificante. Sabia há anos que a saúde dele estava fraca, mas preferi trabalhar a estar com ele.

Eu pensei que em um futuro próximo estaríamos mais tempo juntos. Papai sempre esteve lá, para me dar conforto e apoio, mas, quando foi ele que precisou de mim, não fui capaz de achar tempo. Eu estava chocado com a própria capacidade de ser tão egoísta."

À medida que a vida de Steve ia assim despedaçando-se, mais do que nunca ele se refugiou em sua carreira. "Tornou-se minha obsessão. Tornei-me muito mais motivado, trabalhando horas extras, era um desesperado tentando encontrar algum sentido e propósito no sucesso. Quanto mais eu trabalhava, mergulhava ainda mais no buraco negro do desespero".

O pior medo de Steve materializou-se quando ele sofreu uma derrota amarga em um caso que tinha alta visibilidade na mídia.

"O propósito de minha vida era vencer: prêmios, corridas, casos. Sempre me vira como um vitorioso. Ao perder, porém, segui o mesmo raciocínio: teria eu me tornado um perdedor? Logo pensei: 'se falho no que faço, então, falho naquilo que eu sou'. Eu estava clinicamente deprimido".

Steve não apenas perdera o maior caso de sua carreira, como também perdera as esperanças. A esperança de um dia poder preencher o vazio de seu coração e encontrar a paz simplesmente se fora.

O anjo do elevador

Um dia, indo para o escritório, subindo pelo elevador lotado e perdido em pensamentos, alheio a tudo e a todos, Steve conta que repentinamente aconteceu algo incomum. "De repente, prestei atenção em uma moça encostada no canto do elevador. Estávamos só nós dois e quando as portas se abriram no meu andar, ela sussurrou docemente com uma voz tranqüilizadora: 'Jesus lhe ama, você sabia?' Respondi algo como 'isso é muito gentil' e as portas se fecharam. Entrei em minha sala e fechei a porta. Olhei pela janela e comecei a imaginar se todos os anjos tinham asas — e se a mensagem dela poderia ser verdadeira".

Algumas semanas mais tarde, Steve e a esposa Debra foram convidados para um evento em uma igreja, onde ele não pisava há mais de um ano. Por um breve momento, ele conta que sentiu uma imensa onda de paz. Em seguida, eles foram convidados a participar de uma série de grupos de discussão sobre Deus e a fé.

Em uma manhã escura de novembro, em 1998, Steve teve o encontro que havia ignorado por muito tempo. Naquela manhã, tomou a decisão mais importante de sua vida. Enquanto Debra e os filhos Sam e Olivia dormiam sossegados em suas camas, ficou de joelhos e admitiu que só Jesus o salvaria de um mundo sem sentido nem significados.

Trinta anos mais tarde

Steve veio a conhecer o Senhor em 1998. Recentemente, conversei com ele e perguntei-lhe como ele define o sucesso hoje.

"Passei a compreender que sucesso é um termo do mundo. Como advogado, sei que processos e litígios têm tudo a ver com vitória. Eu procurava significado na vida por meio de vitórias e de um extrato bancário que confirmasse meu sucesso. Hoje reconheço que o sucesso mundano é algo absurdo. Não presto muita atenção nisso e nem sinto falta dele.

Antes, avaliava meu sucesso de acordo com o que fazia. Hoje baseio meu sucesso na pessoa que sou. Família, amizades e a qualidade dessas interações são muito mais importantes."

À frente da empresa *Marvin Windows & Doors,* como vice-presidente sênior, ele se vê como um líder que influencia as pessoas, mas também como exemplo dos valores inerentes a Jesus. Ele vê seu papel como o de um contribuinte da comunidade.

O casamento de Steve e Debra criou raízes e floresce. Seu filho mais velho, com a ajuda de Deus e o apoio do amor da família, deu a volta por cima. E Deus enviou um novo bebê para o casal, que batizaram de Charlie, como o pai de Steve. "Eu não levava minha família a sério", admite. "Agora os vejo como presentes. Por Sua graça, tive a chance de recomeçar a vida. Tenho esperança e paz e venho experimentando alegria verdadeira em viver. É algo tão espontâneo e libertador ser quem eu sou e não ter mais de fingir ser outra pessoa."

SOLUÇÃO: DESCOBRIR O VERDADEIRO SUCESSO

A diferença entre a definição mundana de sucesso e a de Deus é clara. Para a sociedade, o sucesso baseia-se em resultados. É condicionado por realizações concretas. Nossas circunstâncias determinam nosso sucesso. Já Deus mede o sucesso por meio de nossa relação com Ele. É incondicional, é uma dádiva gratuita baseada em amor, para ser vivido no presente, independente das circunstâncias.

A nova definição de sucesso de Steve é honrar a Deus e ajudar outras pessoas. Ele vivencia amor, paz e alegria, resultados de sua relação com o Senhor. Lembra-se da vitória tripla? Steve está vivendo essa vitória.

Não é errado vencer, realizar, ser o primeiro no que se faz. Na verdade, Deus pode ser louvado através de nosso árduo trabalho e perseverança. O problema é quando a meta, o objetivo final, se torna "nosso deus".

Como Steve, gastamos tempo, talento e energia nos debatendo para alcançar algum resultado, deixando de perceber, ao longo desse processo, que o sucesso está dentro de nós, aguardando ser vivenciado.

Enquanto superava sua dor e as adversidades, Steve encontrou o Senhor e, nesse processo, descobriu seu verdadeiro eu e seu real propósito na vida. Não aspirava mais ser bem-sucedido como na definição adotada pelo mundo. Mas foi bem-sucedido da maneira que Deus planejou unicamente para ele.

Nosso sucesso na vida não depende de nossas circunstâncias, mas da nossa relação com Deus. Juntos, com Deus como parceiro, nós transformamos as adversidades em "destino de sucesso" e, como resultado disso, nos tornamos o sucesso que Deus planejou para nós.

Postura da renúncia: do esforço ao contentamento

Recentemente, assisti a uma entrevista de um jogador de futebol americano pronto para começar a temporada anual. Ele dizia: "qualquer coisa será considerado um fracasso, menos vencer o Super Bowl,". Tudo bem, mas eu pergunto: e os sucessos conquistados ao longo do caminho? E as relações que ele poderia desfrutar, as pessoas que poderia ajudar, a honra que poderia trazer a Deus sendo um homem bom em vez de ser apenas um bom atleta?

O jogador provavelmente deixou seu técnico e o dono do time feliz ao pensar desse modo. Mas quando acabar a temporada e ele se olhar no espelho, provavelmente poderá se perguntar: "por que estou aqui?"

Quando passei a conhecer o Senhor, tentei satisfazê-lo como satisfazia a meus antigos chefes — produzindo. No entanto, quando me aproximei mais ainda de Deus, Ele estava mais interessado em quem eu *era* do que naquilo que eu poderia *fazer* por Ele.

Deus não nos comanda para produzirmos resultados, para cumprirmos metas ou para sermos o "número um". O sucesso está assegurado por um relacionamento.

Em uma definição de sucesso baseada em resultados, esforçamo-nos por atingir e celebrar a meta final e, assim, raramente celebramos todos os pequenos sucessos conquistados ao longo do caminho. Mas não estamos no controle do resultado. Deus está. Então, por que baseamos nosso sucesso em algo que não controlamos? Por que permitimos que outra pessoa dite nosso sucesso? Por que permitimos que uma meta determine nossa alegria? A menos que entreguemos o resultado a Deus, a meta se torna nosso deus e nós passamos a reverenciá-la.

Deus o criou para viver plenamente e celebrar a vida, independentemente das circunstâncias. Parte do sucesso é entregar o resultado a Deus e se contentar Nele. Mas sendo uma pessoa altamente ambiciosa, debati-me por muito tempo com a idéia de contentamento.

Como expliquei anteriormente, um de meus momentos de definição aconteceu quando entreguei a Deus minhas metas de ter um filho e escrever um livro. Só então compreendi que meu sucesso não estava em atingir uma meta no futuro, mas ser bem-sucedido em preencher o papel que Deus reservou para mim no presente.

Até o ponto de entrega, eu tinha a mesma visão de um jogador de futebol. Qualquer coisa que não fosse ter um filho e escrever o livro seria considerado um fracasso. Quando me entreguei a Deus, eu ainda trabalhava duro para atingir metas, mas deixei os resultados na mão Dele. Com minha nova perspectiva, vivi um dos momentos mais bem-sucedidos e valiosos períodos de minha vida.

Steve Tourek descreve-se como um megaempreendedor. Ele compara a cura de sua compulsão a uma filosofia similar com a dos Alcoólicos Anônimos. Todo santo dia, ele reconhece e admite seu desejo pelo ganho pessoal, reconhecimento e realizações. "Agora, tenho as ferramentas para me ajudar a superar meu desejo de realização e sucesso. Penso no meu propósito e vejo meu papel em contribuir para a vida de outras pessoas, o que ajuda a colocar minhas metas em perspectiva".

Para ele, ainda é importante manter suas metas em mente, assim como sua visão de sucesso. São ferramentas valiosas para ajudá-lo a encontrar seu objetivo. Mas também é importante estar disposto a entregá-las, sabendo que Deus o conduz aonde precisa ir. Deixe Deus atuar em você e confie a Ele o resultado.

Postura de controle: as oportunidades definem o sucesso

Durante minha conversa com Steve, discutimos como é lutar diariamente para estar satisfeito com o lugar que Deus nos deu, sem nos esforçarmos para seguir ainda mais adiante. Tento praticar tudo aquilo que prego, elevando minha agenda e metas para Deus, tentando ser flexível com as mudanças diárias, mas confesso que isso pode ser um desafio. Ontem foi um dia típico dessa luta.

Como faço todas as manhãs, acordo com uma agenda pré-estabelecida, algumas metas e uma definição do que faria desse dia um sucesso. Também tinha alguma pressão a respeito de prazos importantes a cumprir. Dispunha de um dia mais maleável e tinha planejado concentrar-me nos resultados desejados. Então, como sempre, a vida atravessou o meu caminho.

Das 8h da manhã às 20h, uma interrupção atrás da outra interferiu na programação toda. Desnecessário dizer que naquele dia não cumpri minhas metas. Minha avaliação inicial era de que não havia sido um dia bem-sucedido. Mais tarde, saí para relaxar.

Uma tempestade com trovoadas ia se aproximando e me fez companhia enquanto lembrava de todas as interrupções do dia. A tempestade à distância ajudou-me a colocar as coisas em perspectiva — humildemente admiti que as interrupções foram, na verdade, uma admirável oportunidade para experimentar a vida em toda sua riqueza.

Quando as minhas ansiedades desapareceram, fiz uma retrospectiva do dia com outros olhos. Tinha me divertido um bocado com minha filha no carro, quando a levei à pré-escola. Tive a chance de dar a minha esposa um descanso mais que merecido, ao passar meia hora de pura alegria com nosso filho de cinco meses, Scott, sob a sombra de nossa árvore preferida. Depois, Deus permitiu que eu orientasse um cliente de negócios em crise profissional. Ainda conversei com os vizinhos no jardim. O dia havia sido bom e significante.

Claro, acredito em metas, prazos e a necessidade de estar focado. Concordo que há momentos em que é bom dizer não às inúmeras "oportunidades" que aparecem no caminho. Mas precisamos dizer sim às oportunidades escondidas que nos aguardam nas circunstâncias do dia-a-dia. Quando você se conhece e a seu papel, você possui um coração que sabe discernir e uma mente alinhada com Deus, logo, pode fazer escolhas baseadas no que é bom, verdadeiro, honrado e certo — e não ser um escravo da definição mundana de sucesso.

Steve Tourek agora acredita que em sua vida diária há oportunidades para honrar a Deus e servir ao próximo. Ele assumiu o controle de sua vida não mais focando-se nos resultados, mas agarrando-se as oportunidades que a vida apresenta diariamente.

Conclusão

No dia em que fui despedido, cheguei em casa à tarde. Imediatamente, comecei a ligar para *headhunters* na tentativa de conseguir uma nova colocação. Muito embora eu estivesse ainda em estado de choque, meu cérebro não me deixava internalizar minha dor. Em vez disso, vesti minha máscara de "ainda estou no jogo" e com uma mistura de determinação e desespero, saí atrás de um novo emprego o mais rápido possível.

Mais tarde, recebi o retorno de uma ligação de um *headhunter* da Califórnia. Era o fim de um dia exaustivo e eu bebia um copo de vinho, sentado na varanda, assistindo a um lindo pôr do sol. Estava muito cansado e realmente fora uma luta fingir que estava no ápice político e profissional, enquanto tentava "me vender" ao *headhunter*. Em um momento de fraqueza, eu talvez tenha dito em voz alta algo como "muito bem, afinal, o que é o sucesso? Será que um dia vou encontrá-lo?"

Após uma pequena pausa, o cavalheiro respondeu: "a resposta está dentro de você". Lembro-me de ter pensado "o que esse cara está dizendo, afinal? A última coisa de que preciso hoje é ouvir bobagem mística". Educadamente, encerrei a conversa e exterminei a garrafa de vinho para amortizar a dor do meu fracasso.

Naquela calma noite de verão em Atlanta, Geórgia, me senti só e inútil. O deus das metas de chegada, a quem eu reverenciara por toda a minha vida profissional, havia me descartado. Eu tinha colocado todo o meu valor e importância no que produzia. Quando não fiz o suficiente, fui descartado como um perdedor.

E aquilo foi só o começo. Os dois anos seguintes trariam muita dor, medo, escravidão financeira, distrações e uma tremenda falta de confiança. Tanto fazia para esconder minha fraqueza e recuperar o *status* anterior que nada funcionava. Finalmente, descobri que o sucesso que eu procurava desesperadamente estava mesmo dentro de mim.

Descobri que Deus em pessoa era o meu sucesso. Ele era tanto o doador da vida, quanto sua recompensa. Em parceria com Deus, como Tourek, eu também encontrei o meu verdadeiro eu e meu propósito real.

APLICAÇÕES PRÁTICAS

Exercício 1: Resultados profissionais versus princípios de Deus

1º Passo: Analise o gráfico de Resultados Profissionais *versus* Princípios de Deus a seguir. Quais resultados mais lhe escravizam? Identifique de qual deles você mais quer se libertar.

Resultados Profissionais	Princípios de Deus
• Atingir resultados	• Servir a um propósito
• O que posso conseguir?	• O que posso dar?
• Sucesso = Dólares	• Significado = Pessoas
• Os fins justificam os meios	• Os meios justificam o fim
• Faça o que for preciso	• Faça a coisa certa
• Ganhos em curto prazo	• Legado a longo prazo
• Você nunca produz o suficiente	• Religiosidade com satisfação é uma grande conquista
• Confiar em minha força	• Confiar no poder Dele
• Minha glória	• A Sua glória

2º Passo: Quais princípios de Deus lhe motivam mais? Identifique os princípios sobre os quais você quer assumir o controle.

3º Passo: Em suas próprias palavras, peça a Deus para:

a. Libertar você das metas que mais lhe escravizam.

b. Esclarecer e reforçar o princípio por meio do qual você quer viver diariamente.

Exercício 2: Definir sucesso

1º Passo: Em suas próprias palavras, defina o sucesso.

2º Passo: Defina e descreva o que você acha do sucesso, tão especificamente quanto possível.

a. Na sua vida profissional

b. Na sua vida pessoal

3º Passo: Identifique uma ou mais passagens das Escrituras que melhor descrevem sua visão de sucesso. Reformule-a para se tornar a declaração pessoal da sua missão.

GUIA DE DISCUSSÃO

1. Descreva alguns componentes da sua definição de sucesso que oiludiram no passado.
2. Que revelações ou percepções você teve ao ler a história de Steve Tourek?
3. Como você acredita que pode buscar a definição de Deus para o sucesso, enquanto está em plena competição diária, inserido em um mundo que tem uma definição completamente diferente?
4. Responda à Escritura: "Religiosidade com contentamento é uma grande conquista".
   a. O que essa frase significa para você?
   b. O contentamento é bom ou ruim para os negócios?
   c. Você pode ter satisfação, iniciativa e ambição ao mesmo tempo? Se você respondeu "sim", como você ajustaria satisfação com ambição ou com cumprimento de metas?
5. (Das aplicações pessoais) Qual é a definição pessoal para sucesso?
6. Como você harmoniza a definição pessoal com a definição mundana de sucesso?
7. Se o mundo mede o sucesso de maneira tangível e as recompensas de Deus geralmente são invisíveis, como você sabe que é um sucesso aos olhos de Deus?

Capítulo 8

Conclusão: descobrindo a vitória tripla

As histórias reais deste livro procuram mostrar que as escolhas erradas são o maior de nossos desafios.

Jay Coughlan, por exemplo, tomou a terrível decisão de beber e dirigir, por causa disso perdendo seu pai, a quem amava de verdade. Às vezes, os desafios impostos não são culpa de ninguém, o que parece bem injusto. Dan Roelofs, pastor, esposo e pai morreu de câncer jovem demais, chegando, em momentos críticos, a questionar Deus pelo que acontecia com ele. Pessoas de bem também estão propensas a se desviarem do caminho que o Senhor criou para elas.

Chuck Knapp e Steve Tourek, indivíduos talentosos, gastaram tempo, talento e energia para se tornarem profissionais de sucesso, embora tenham fracassado na vida pessoal. O mundo é realmente um lugar bastante difícil. Não é de se admirar, portanto, que sejamos tomados pelo medo, preocupações, dor, distrações e pela falta de confiança.

Há boas novas, porém, que são verdades abrangentes: o Senhor conquistou e superou o mundo — com Sua dor, distrações e desencorajamentos.

Ele, porém, não só venceu o mundo, como o fez por intermédio do Espírito Santo. Só que Deus também lhe deu o poder de fazer o mesmo.

Sucesso, portanto, é viver a sua vida em parceria com o Senhor, ao mesmo tempo em que você supera os desafios da vida. Você é responsável por transformar seus obstáculos em vantagens. É dessa maneira que você se torna o sucesso que Deus programou para ser.

Dan levava uma vida bem-sucedida. Superou o medo e viveu em paz durante sua dolorosa e difícil experiência. Embora não esteja mais neste mundo, seu ministério está vivo e prospera. As mensagens de esperança de

Dan continuam vivas por meios de sua esposa Tammy e seu amigo Ross, além de incontáveis pessoas que foram tocadas por sua lembrança e palavras.

Jay Coughlan vive uma vida bem-sucedida. Superou uma indescritível dor física e emocional para viver uma vida abundante e plena. Jay usou sua segunda chance não apenas para ser um pai, esposo e filho melhor, mas para se tornar um líder efetivo. Hoje, ele comanda sua empresa com compaixão e compartilha corajosamente sua história com outras pessoas.

Rhonda Anderson também tem uma vida bem-sucedida. Mostrou-nos como uma mãe e dona de casa pode superar o desânimo para criar uma organização de milhões de dólares, simplesmente mantendo a crença constante no chamado de Deus: "Salvar o mundo por meio de um álbum de fotografias". Real, a empresa de Rhonda é um sucesso, mas o verdadeiro sucesso está na vida transformada de milhares de famílias.

Todas essas histórias são testemunhos de como Deus ajuda-nos a ser o sucesso que Ele criou para nós. Ele tinha a intenção de salvar a vida de Keith por meio do rim doado por Apham, um total desconhecido. A vida de Chuck foi salva da autodestruição, o que incluía até mesmo tendências ao suicídio. Vemos nessas histórias parcerias com Deus que transformam adversidades em destinos de sucesso. É a parceria em si que transforma cada um de nós no sucesso que Ele nos criou para ser e vivenciar.

VITÓRIA TRIPLA: O RESULTADO DO SUCESSO

Sucesso é viver sua parceria com Deus para superar os desafios da vida. O resultado disso é uma vitória que chamo de vitória tripla. Nos negócios, entramos em parcerias de vitória dupla, onde ambas as partes ganham com os acordos. Na economia de Deus, a vitória dupla transforma-se em vitória tripla, onde outros, ao seu redor, também se beneficiam com as bênçãos da parceria com Deus. Vamos observar alguns desses resultados.

1. Deus está satisfeito e honrado

Quando superamos nossos obstáculos, demonstramos fé e confiança em Deus, o que Lhe causa muita honra. À medida que nosso caráter evolui durante o processo de superação, ficamos mais bem preparados para servir a um bem maior, muito além de nós mesmos, o que também dá prazer a Deus.

Recentemente tentei ensinar minha filha sobre o perdão, um conceito que ela não compreendia muito bem em sua idade. Algumas semanas depois que lhe apresentei o conceito, ela brincava com um vizinho, Sam, quando os dois se desentenderam e empurraram-se. Presenciando o incidente com o pai de Sam, decidimos os quatro voltar para casa pelo parque, em silêncio. Quando nos aproximávamos de casa, Grace abraçou Sam e lhe disse :"Ei! Quer andar de bicicleta?"

Meu coração flutuou na hora em que testemunhei o ato de perdão de Grace. Como pai, nada me daria maior alegria do que ver o caráter dela evoluir, tornar-se uma mulher piedosa e levar uma vida significativa. Desejaria que houvesse outro jeito, mas, na verdade, tenho consciência de que serão os obstáculos e as dificuldades que irão refiná-la para refletir sobre o caráter de Deus. Por isso, fico radiante quando minhas crianças vencem seus obstáculos. Da mesma maneira Deus sente satisfação em ver você crescer à medida que supera suas barreiras. Ele adora ver você amadurecer, aproximar-se Dele e seguir vivendo uma vida de sucesso e significados.

2. Somos abençoados

Superar obstáculos nos ensina a apreciar as coisas que realmente importam, incluindo as dádivas de amor, paz, alegria e contentamento.

Uma das coisas que mais gosto de fazer é embalar meu filho Scott na rede do jardim. Deito-o em meu peito e fico observando-o enquanto balançamos suavemente. Gosto de ver seus olhos descobrindo as coisas ao redor.

Outro dia, presenciei um olhar de admiração: ele observava um besouro com uma mistura de surpresa, curiosidade e emoção. Ficou muito excitado, chutava os pezinhos e então riu de alegria. Comecei a refletir sobre como Deus é estupendo e amoroso ao nos dar essa dádiva maravilhosa.

De imediato, pensei em meu trabalho como consultor. Às vezes, tudo — medos, ambições equivocadas, o "manter-se ocupado" e as pressões — entorpece os sentidos. O que é visto como um "filme colorido e brilhante" para um bebê de cinco meses, de alguma maneira, torna-se um "filme cinza e tolo" para muitos cinqüentões. Nós perdemos a arte de reconhecer, perdemos a habilidade de apreciar os dons de Deus. Ficamos tão absorvidos pelas sobrecargas que nos esquecemos de reconhecer as bênçãos.

Demonstrar reconhecimento é ter a habilidade de perceber o valor e a importância de algo. É tanto um dom quanto uma escolha. Mas costumamos estar tão sobrecarregados que perdemos a visão inata de ver todos os dons que temos e recebemos. Por isso, superar as adversidades ajuda-nos a descobrir e apreciar as dádivas verdadeiramente importantes da vida.

Ter sido despedido e ter superado minha insegurança financeira me ajudaram a apreciar minha nova carreira de autor de livros. Passar por um divórcio, e depois aprender sobre o amor da maneira como Deus o define, ajudou-me a apreciar minha esposa. Perder duas crianças me ensinou a apreciar os filhos que tenho. Superar a preocupação quanto ao futuro ajudou-me a apreciar minha vida presente. Aprendi que sucesso não depende de realizar algo no futuro, mas apreciar as dádivas que Deus nos dá no presente.

3. Os outros também são abençoados

Quando vencemos, frutificamos, fazendo a diferença na vida de outras pessoas. Em nosso exemplo, nosso caráter e escolhas, nós deixamos um legado para que outros possam segui-lo.

Acredito que um dos mais significativos enganos de nosso tempo é a adoração de figuras esportivas, modelos e estrelas de cinema. Os verdadeiros heróis de nossos dias são pessoas comuns, gente que luta para superar obstáculos a fim de honrar e servir ao Senhor. Os heróis esquecidos são aqueles que servem sem pensar em si, sabendo que Deus cuida das sementes que eles plantam.

Lembro-me de Keith Fahnhorst contando como suas filhas ficaram impressionadas quando Apham Nnaji doou seu rim. Recordo-me do cavalheiro cuja filha venceu sua batalha contra seus problemas alimentares ao ver como seu pai lidava com o desemprego. Vejo o impacto em Tammy Roelofs, ao dar continuidade ao legado do ministério de Dan. Até os livros serem abertos no paraíso, você nunca saberá sobre o impacto que causa quando supera seus obstáculos.

Você é o herói esquecido. Muito obrigado por seu coração dedicado e perseverança. Chegamos ao fim de mais um tempo juntos. Foi uma bênção estar com você. Confio ainda que outros estiveram ou estarão a seu lado para continuarmos a seguir este caminho de descobertas — sendo a maior de todas, a de que Ele é a nossa recompensa.

Desejo a você, em sua jornada, as bênçãos mais ricas de Deus, que Ele possa transformar suas adversidades em vantagens e você possa realmente descobrir que Deus é o seu sucesso.